TÂNIA STOLZE LIMA

O DOIS E SEU MÚLTIPLO

CADERNOS
ULTRAMARES

ORGANIZAÇÃO E PROJETO GRÁFICO

Marcos Lacerda, Ana Paula Simonaci e Sergio Cohn

CONSELHO EDITORIAL

André Botelho

Bernardo Esteves

Boaventura de Souza Santos

Evelyn Goyannes Dill Orrico

Fréderic Vanderberghe

José Luis Garcia

Maria João Cantinho

Renato Rezende

Teresa Arijón

Vagner Amaro

ISBN 9786586962512

azougue press |
coordenação geral Sergio Cohn
coordenação editorial
Sergio Cohn — Darien Lamen — Cristián Jiménez Plaza
Brasil | CNPJ 12.272.339/0001-26
Portugal | Oca Editorial NF 515805394
USA | E. Id. 803650511
Chile | Tucán Ediciones RUT 77.369.106-1

A proposta dos Cadernos Ultramares é transpor fronteiras. Não apenas geográficas, com a edição de um amplo panorama do pensamento brasileiro para o público português, mas também entre as áreas do saber, criando uma coleção transdisciplinar, acessível não apenas para leitores especializado, pesquisadores e acadêmicos, como para interessados em geral.

Para isto, os Cadernos Ultramares privilegiam a leveza do ensaio, a "brigada ligeira", utilizando-se de um gênero marcado pela abertura e experimentação, uma forma privilegiada para a proposição e a apresentação de interpretações da cultura e da sociedade. Nos últimos anos, o gênero ensaio tem sido revalorizado como um importante meio de diálogo entre a pesquisa acadêmica e a sociedade.

O Brasil possui uma produção riquíssima de pensamento em diversas áreas, que vão da física à antropologia, da matemática às artes. Os Cadernos Ultramares, ao trazerem importantes textos de alguns dos nossos mais renomados pensadores, sejam clássicos ou contemporâneos, busca possibilitar ao leitor um olhar amplo e qualificado sobre essa produção.

Interessa-nos a constituição de um diálogo entre áreas, de uma conversa aberta que escape das armadilhas do pensamento especializado e do produtivismo acadêmico. Interessa, antes de tudo, a valorização do encontro do leitor com o sabor do texto, do prazer da leitura e da troca livre de pensamento.

apresentação

POR MARCOS LACERDA

Tânia Stolze Lima é antropóloga de renome no Brasil, com trabalho amplo em etnografia e epistemologia indígena. Seu livro *Um peixe olho pra mim: o povo Yudjá e a perspectiva* (2005) é referência importante nos estudos sobre epistemologia indígena e perspectivismo ameríndio, ao lado de artigos como "O dois e seu múltiplo: reflexões sobre o perspectivismo em uma cosmologia tupi" (1996) e "Por uma cartografia do poder e da diferença nas cosmopolíticas ameríndias" (2011), ambos selecionados para a coleção Caderno Ultramares. Nesta apresentação vamos nos ater mais ao primeiro ensaio, pelo seu caráter original e precursor de uma série de estudos posteriores sobre o tema.

Este ensaio ocupa um lugar especial por ser precursor dos estudos a respeito do perspectivismo ameríndio no Brasil, ao lado de textos como "Os pronomes cosmológicos e o perspectivismo ameríndio" de Eduardo Viveiros de Castro, e da tese de Aparecida Vilaça "Quem somos nós: questões da alteridade no encontro dos Wari", ambos do mesmo ano de 1996.

Nele, a antropóloga apresenta, a partir do seu estudo etnográfico do povo indígena juruna, o perspectivismo ameríndio com a noção de ponta de vista, depois estendida para a noção de perspectiva. Por ponto de vista entendamos a multiplicidade de perspectivas humano/animal/espírito em conflito e complementaridade no âmbito de uma cosmologia específica, como espelhamentos paralelos da "realidade" associados a arranjos diversos que embaralham noções como *natureza* e *cultura*, *espírito* e *corpo*, *humano* e *animal*, entre outras; ao modo radicalmente distinto e, ao mesmo tempo, complementar, com que seres humanos, animais não-humanos e espíritos se veem e veem-se em relação aos outros. As categorias "animal" e "humano", assim como "natureza" e "cultura", passam a ser cambiantes e posicionais, no sentido de que se movimentam e se deslocam continuamente, gerando um movimento de permanente metamorfose e transformismo entre os seres em geral.

O perspectivismo ameríndio se diferencia de forma significativa e crucial tanto do animismo, quanto do universalismo humanista. O primeiro admite uma zona de indiferenciação entre humano e animal, projetando nos animais não-humanos aspectos que seriam atributos apenas de seres humanos, como o pensamento, a palavra articulada, o desejo, a sociedade e a política; o segundo, se fundamenta no pressuposto de que estes atributos são apenas humanos, ou melhor, pertencem apenas aos seres humanos. Extensões do universalismo humanista procuram ampliar a noção de humano e humanidade para além do padrão normativo do Ocidente europeu, pluralizando esta noção com a inclusão de uma multiplicidade de culturas e civilizações, como no caso do multiculturalismo e, por extensão, do próprio relativismo: os atributos do humano seriam mais vastos do que a humanidade do homem ocidental, mas ainda assim são restritos aos seres humanos.

No primeiro caso, em relação ao animismo, existe uma diferença sutil e significativa. Como diz a autora, não é correto afirmar que os jurunas "pensam que os animais são humanos", sendo mais correto afirmar que os jurunas "sabem que os animais pensam que são humanos", no sentido de que eles partem do pressuposto de que a condição de humanidade é um dado universal, atributo possível aos seres viventes em geral e também aos espíritos. Dado universal não por ser substância que unifica os seres viventes e mesmo não-viventes, mas por ser passível de apropriação, ou seja, por ser uma qualidade cambiável, em permanente deslocamento. Em outras palavras, sabem que, para si, os animais pensam que são humanos porque

sabem que ser humano não é um atributo substancial
que se refere a determinados seres viventes — os "seres humanos" — mas uma condição de possibilidade
permanente para uma multiplicidade de seres viventes, entre eles, os seres humanos, animais não-humanos e os espíritos.

A indiferenciação na condição possível de "humanidade" que, por extensão, pode também ser pensada
como "cultura", no sentido de que a "cultura" é o dado
universal, no entanto, não implica em uma indiferenciação na condição de "animalidade" que, por extensão, pode também ser pensada como "natureza", no
sentido de que a natureza é o dado particular, que diferencia humanos de animais não-humanos, de seres
viventes em geral e dos espíritos.

Seria, talvez, mais apropriado falar de "sujeito",
"pessoa", do que propriamente de "humano", para
não cairmos no risco de atribuir à cosmologia indígena uma espécie de "humanismo cósmico", estenden-
do a "humanidade" não só para outras culturas e povos, como o fazem os adeptos do multiculturalismo,
mas também para animais não-humanos. Se subs-
tituirmos "humanidade" por "sujeito", "perspectiva"
ou "ponto de vista" o entendimento fica mais claro.
Existe uma diferença radical, irredutível, entre humanos e animais não-humanos, embora ambos possam

aceder à condição de "sujeito" ou "pessoa" através da perspectiva e do ponto de vista. O fato de a condição de "sujeito" ser atributo universal não significa que as diferenças entre humanos e animais não-humanos possam ser diluídas e indiferenciadas, ao contrário, significa que o ponto de vista e a perspectiva do "sujeito" ou da "pessoa" está em aberto, não pode ser atributo exclusivo nem de humanos, nem de animais não-humanos, nem de espíritos.

Não é difícil perceber que também o universalismo humanista e a sua variação no relativismo multiculturalista são colocados em xeque. O fazer-se ou tornar-se humano/sujeito não é atributo apenas de seres humanos, mas o resultado de um jogo altamente complexo e cambiante através de uma reciprocidade de perspectivas conflituosas e conciliatórias entre os seres viventes e os espíritos. Este jogo de reciprocidade entre perspectivas enovela de forma enigmática vigília e sonho, corpo e alma, humano e animal, natureza e cultura, o mesmo e o outro, alteridade real e identidade virtual, espírito e sensível, vida e morte. O entrelaçamento e a reciprocidade complexa de perspectivas geram não uma tensão entre o Um (universal) e o Múltiplo (relativo), entre representação (una ou plural) e realidade "objetiva" como referente, mas entre *o Dois e seu múltiplo*, como sintetiza o próprio título do ensaio, ou se quisermos, *o um e seu outro*. Aqui o ponto crucial: ao invés de se pensar que se trata de uma multiplicidade de perspectivas a partir de uma mesma realidade — por exemplo, seres humanos veem como caça aquilo que animais não-humanos veem como guerra, para usar o exemplo etnográfico do texto autora — se trata, na verdade, de um duplo acontecimento — a caça e a guerra — se realizando de forma paralela, para humanos e animais não-humanos através de diferentes instâncias, como as já mencionadas alteridade real e identidade virtual, corpo e alma, estado de vigília e sonho, em suma, através de diferentes e paralelos pontos de vista. O dois, exemplificado no paralelismo das perspectivas de *humanos* e *animais não-humanos*, se multiplica em caça e guerra, alteridade e identidade, corpo e alma, vigília e sonho, em suma, em *seus duplos*, que se interpenetram e podem gerar arranjos os mais variados, espelhamentos que fazem aparecer o real como um jogo infinito de *múltiplos*, ora complementares, ora em conflito.

Para finalizar esta pequena e simplificada apresentação deste instigante e belo ensaio, bem mais complexo e denso do que foi apresentado aqui, como poderão confirmar os leitores, cabe mencionar que noções como as de *ponto de vista, perspectivismo* e *o dois e seu múltiplo* também se confundem aqui com o conceito de dobra, de Deleuze que, no dizer da própria autora: "não deixa de evocar o perspectivismo paralelístico que estamos estudando, nada de sujeito e objeto definidos previamente: "será sujeito aquele que vier ao ponto de vista, ou sobretudo aquele que se instalar no ponto de vista", aproximando assim, perspectivismo ameríndio e pensamento filosófico de uma determinada corrente da filosofia francesa que pode ser situada dentro da tradição filosófica Ocidental, ao menos, a que se desenvolveu no século XX.

O DOIS E SEU MÚLTIPLO

REFLEXÕES SOBRE O PERSPECTIVISMO EM UMA COSMOLOGIA TUPI[1]

O XAMÃ VAI À CAÇA[2]

— "Dukare! Venha nos dizer onde você viu porcos! Primeiro vá buscar a borduna. Tire o calção, pegue um punhado de cinzas e esfregue nos testículos. Então, segure a borduna e nos conte o que você viu". E os Juruna dão grandes risadas. É assim que Mareaji interpela seu primo que há pouco retornou da pesca dizendo ter visto em tal lugar uma vara de porcos. Trata-se de uma cena de "brincadeira" típica da relação entre primos cruzados, e quer dizer, nesse caso, mais ou menos o seguinte: eu o desafio a mostrar aqui diante de todos que você é homem! O sol se põe. Os homens vão-se reunindo à porta da casa da mãe de

1 Quero registrar que este artigo é o resultado de um diálogo com Eduardo Viveiros de Castro.
2 Esta seção retoma (com pequenas modificações) um trecho da tese de doutoramento que concluí recentemente (Lima 1995).

Mareaji, onde ele toma a palavra para interrogar Dukare, que se mostra muito envergonhado, e combinar com os outros uma caçada para o dia seguinte. Dukare é muito jovem, casado há pouco tempo, por isso tímido demais para assumir a organização da caçada. Mareaji o estimula a fazê-lo e ao mesmo tempo toma a frente do grupo.

A caça de porcos é um tema que arrebata os Juruna tanto quanto o cauim; por isso, em um instante já não posso compreender o que os caçadores dizem. Todos falando ao mesmo tempo, gritos estridentes, onomatopeias de explosões de tiros, flechas silvando, porcos batendo os dentes, porcos em correria. Todos têm casos para contar e mímicas para fazer. Estão, talvez, encenando seu destemor. Essa caça é tida como uma empresa muito perigosa; os porcos são muito violentos e ousam afrontar o caçador, que só consegue escapar-lhes subindo em uma árvore, como aconteceu no passado recente com um finado. Nada porém dessa algazarra quando chegar o momento de matar. Se o caçador emite um grito, sua alma pode ir viver com os porcos. O mesmo destino pode ter aquele que se atemorizar diante dos porcos medonhos: assustada, sua alma foge e é capturada pelos porcos.

A caçada do dia seguinte, porém, foi uma decepção. "E os porcos?", indagou-se a Mareaji. "Dukare estava mentindo!" Não, ele não mentira, todos viram as pegadas. Mareaji ainda desfrutava de seu direito de fazer troça do primo.

Os Juruna sonham com a oportunidade de caçar porcos no rio. Quando vêem um bando atravessando, remam em sua direção e abatem-nos com borduna. Ocasionalmente, há que se mergulhar para pegar os que afundaram. É preciso ao menos dois tripulantes em cada canoa: um piloto e um matador. Não há caça mais lucrativa; rende em média de 15 a 20 cabeças, mais ou menos 500 kg de caça. O arrebatamento que os toma é tão grande que, se porventura os homens não estiverem presentes, as mulheres não perdem a caça. Armadas com pedaços de pau, mãos de pilão ou bordunas, conforme vi uma vez, as mais afoitas to-mam as canoas e vão rapidamente matar os porcos, sob os gritos de forte emoção e contentamento das mais medrosas que permaneceram na aldeia. Encon-trando-se uma porca grávida, pode-se enterrar o feto na aldeia, acreditandose que isto obriga os porcos a visitarem o lugar com frequência, como os próprios Juruna fazem em relação aos lugares onde estão en-terrados seus parentes.

Comparada com a de outros animais, a caça de porcos apresenta um simbolismo a mais: os Juruna situam-na no campo de ação do xamã. Quem estiver com desejo de comer dessa caça pode, diz-se, pedir ao xamã para atrair porcos.

Os porcos vivem em comunidades divididas em famílias e organizadas em torno de um chefe dotado de poder xamânico. Habitam aldeias subterrâneas e são produtores de cauim, o qual, na perspectiva humana, nada mais é que uma argila finíssima, conforme me contou uma mulher que sonhou com uma aldeia de porcos em cujo porto ela e eu tomávamos banho, até que descobrimos que estávamos atoladas em uma lama da qual os porcos diziam ser, justamente, sua mandioca puba.

O porco-xamã diferencia-se dos demais por carecer de pêlos no traseiro e ter pêlos avermelhados na cara. Representa um dos espíritos auxiliares que o xamã pode adquirir na iniciação. Em sonho, o xamã vê esse porco se transformar em um homem, e busca fazer amizade com ele, oferecendo-lhe o cigarro para fumar. Ao sentir que a amizade está consolidada, o xamã lhe diz que os homens de seu grupo pretendem fazer uma caçada; e o porco-xamã combina com ele o local e o dia da travessia. Os caçadores vão à caça.

É preciso deixar sobreviver o auxiliar do xamã, e isso vale, inclusive, para as caçadas que não são possibilitadas por xamanismo. Ninguém se preocupa em identificar antecipadamente o porco-xamã; ele sabe se livrar dos caçadores, atingindo a margem à frente da vara ou nadando com ligeireza rio abaixo. Em todo caso, ele é aquele que seguiu vivo adiante. Se o acompanham mais um ou dois, os caçadores também os deixam escapar: são a esposa e/ou o filho. No caso de alguém o matar sem querer, jogam-no no rio, pois a carne tem sabor de tabaco queimado em função do hábito de fumar o cigarro do xamã. Além disso, se alguém o matar, ele pode levar consigo a alma do xamã juruna que, consequentemente, adoecerá e morrerá.

A morte de um porco-xamã traz-lhe um destino singular. Sua alma vai viver com as almas dos mortos juruna, de cuja vida participa como um semelhante. Em contrapartida, um caçador que morresse na caça se tornaria um porco.

Conta-se que houve um tempo em que xamãs se especializavam no xamanismo de caça, consumindo um vegetal conhecido como "droga do porco" que cresce nos rochedos em cujo interior habitam os mortos. Desejando-se comer a caça, dizia-se ao xamã: "Vá chamar os porcos!" Ele usava para isso um apito de coco, réplica do apito que os porcos fabricam e definem como sua "flauta". Os porcos ouviam a música e diziam: "Eles vão dar uma festa! vamos! vamos!" Alegres com a oportunidade de dançar e beber com os Juruna, demoravam de um a três dias para chegar, conforme a distância em que se encontravam. Quando desembocavam no rio, atravessavam em direção aos Juruna, passando por entre as casas (situadas em uma ilha), e de novo entravam nas águas. "Nesse momento, vocês vão e matam, dizia o xamã. Era excelente!".

Havia um xamã que recebia na aldeia, durante a vigília, a visita de um porco-xamã, com quem ele fumava, bebia cauim e dançava. O visitante chegava acompanhado de todo o seu bando, e, é claro, somente o xamã podia vê-los. Quando lhe pediam para trazer porcos, ele convidava o porco-xamã para tomar cauim e acertar a caçada. Ao entrar em êxtase, o caçador interessado reapresentava-lhe o pedido: "Traga porcos para mim! Amanse-os para mim!". "Está bem!", consentia o xamã. Nessas ocasiões, o respeito ou comedimento no uso da linguagem condicionam o apaziguamento dos porcos. Mas, enquanto todos os caçadores sensatos exclamavam: "Minha presa estará mansa!", um homem apelidado Cabeça-de-Martim-Pescador descontrolou-se e disse: "Minha presa vai puxar meus testículos pendentes!". Lembraram-lhe que era preciso tomar cuidado, que não se brinca com a linguagem em um momento como esse, e, no dia seguinte, aconselharam-no a ficar em casa para evitar que os porcos o vissem. Ele era intrépido e não deu ouvidos. Ao fim da caçada, os companheiros encontraram-no semimorto, com os testículos arrancados e o corpo perfurado pelos dentes dos porcos enfurecidos. Mal teve força para contar-lhes como foi atacado. Sua alma partiu com os porcos sobreviventes em direção ao "rio Amazonas". Diversas varas de porcos juntaram-se a eles ao longo da viagem e Cabeça-de--Martim-Pescador mostrou-se um companheiro muito agradável, divertindo-os o tempo todo. Isso o xamã viu durante o sonho, e assim, conta-se, ele narrou:

Eles foram dando gargalhadas.
Os porcos são como os humanos,
Eles lhe pediram:
"Diga-nos os nomes das coisas!"
"O que é isto?"
"É isto."
Eles encontraram o mel-vagina.
"Que mel é este?"
"É o mel-vagina."
Eles encontraram o mel-andorinha.
"Que mel é este?"
"Este é o mel-pênis."
E os porcos gargalhavam.
"Ah, quer dizer que é melífero?"
"O pênis é melífero!"
E os porcos riam, ha' ha' ha'.

E ele partiu com os porcos dando
gargalhadas.

Indagaram-lhe os nomes dos animais, dos méis...

Ele recitou,

Eles davam gargalhadas,

"Ah, quer dizer que é melífero?"

Assim, quando o xamã está sonhando com porco,

Ou quando está embriagado,

Nós dizemos: "Não digam bobagens!".

Finalmente, os porcos elegeram Cabeça-de-Martim-Pescador como seu chefe[3]. Perante os Juruna, o infeliz atua como "intérprete" (para uma analogia juruna entre essa função e a função-esposa das mulheres, ver Lima 1986): ouvindo um caçador gritar seu nome, conduz o bando para fazer a travessia nas proximidades da aldeia.

3 O narrador parece sugerir que "mel-pênis" é o nome recitado para o "melandorinha", mas não se trata disso; são méis produzidos por duas abelhas diferentes. A propósito, em uma lista de 24 nomes de mel, predomina a associação de particularidades da abelha com particularidades de animais. Por exemplo, o "mel-jacu" é produzido por uma abelha cuja cabeça é dita lembrar a do jacu; o "mel-saúva" é produzido por uma que tem cheiro de saúva. Há casos anômalos: o "mel-coatá" é produzido por uma abelha identificada como "aquela cujas patas são parecidas às do maribondo". Há casos em que o nome é construído por associação com o orifício da colmeia — é este o caso do "mel-vagina", produzido por abelhas de distintas espécies.

Os porcos vêem a si mesmos como parte da humanidade e consideram a caça como um confronto em que tentam capturar estrangeiros. As brincadeiras feitas por um caçador em intenção dos porcos possibilitam a concretização de seu ponto de vista e desejo. Na ordem da realidade dos homens, os porcos atacam e matam o caçador, acontecimento que, aos porcos, parece uma simples captura, e, com efeito, o infeliz se torna um parceiro seu. Alimentando-se de cocos e minhocas, participando das danças e bebendo o cauim barrento, o caçador infeliz, com o passar do tempo, vai assumindo o aspecto do animal. Jamais, porém, se adapta completamente ao meio; na esperança de se curar dos ferimentos que adquire na mata e que infeccionam com a sujeira, vive se fazendo benzer pelo porco-xamã. Por fim é transformado em chefe da vara.

Assim, dotando os porcos de sensibilidade para divertir-se com a diversidade humana ou rir com as metáforas alheias, o mito aproxima a relação com os porcos daquela entre grupos humanos que falam línguas distintas (como o narrador mesmo adverte), marcando-a como relação de troca de brincadeiras, característica da conduta de primos cruzados (cunhados virtuais) e de estrangeiros que se tornam "amigos", ou afins potenciais. É justo porque a afinidade potencial é um aspecto virtual da relação com os porcos que o cuidado com a linguagem é necessário na caça para inibir a atualização da mesma[4].

De tudo isso, os Juruna concluem que "os porcos se parecem com os mortos". De fato, ambos vivem em aldeias subterrâneas e são chefiados por afins potenciais (não por um parente); alegram-se com a possibilidade de tomar cauim com os Juruna e tentam capturá-los; um morto pode ir viver com os porcos e um porco pode ir viver com os mortos. Para culminar, assim como os mortos eram convidados até recentemente para beber cauim, os mitos afirmam que os porcos eram convidados para beber com os Juruna — a grande diferença é que não se tem de reprimir o riso diante dos mortos, muito pelo contrário.

No quadro do xamanismo e do ponto de vista dos porcos, os Juruna representam espíritos. O gesto (aci-

4 Para a distinção entre afinidade potencial e afinidade virtual, ver Viveiros de Castro (1993:167-168). Registre-se também que o risco do abuso de linguagem transcende o domínio da caça dos porcos e assume o caráter de regra geral da caça. Isto sucedeu a um finado que, de tão exaltado um fim de tarde em que se combinava uma caçada de anta, exclamou para os companheiros: "Pois eu vou enfiar meu braço no cu da anta e vou arrancar o coração dela!". No dia seguinte, foi o que ele tentou; porém, mal sua mão atravessou o ânus do animal, este contraiu o esfíncter e saiu em disparada. O infeliz estava quase completamente mudado em anta quando o reencontraram em uma caçada na qual os caçadores flecharam um casal de antas. Antes de morrer, o macho lhes disse quem era ele. Os caçadores deixaram-no apodrecer na floresta e comeram a fêmea, em cujo ventre encontraram um feto humano.

ma mencionado) em que o xamã dá seu cigarro ao porco que se transforma em humano para ele, tem um significado preciso: ele age como espírito auxiliar do porco, e, enquanto tal, inicia-o no xamanismo, da mesma forma que a iniciação de um Juruna no xamanismo dos mortos que habitam os rochedos depende de receber deles um cigarro para fumar. Ou seja, sob certo ângulo, os mortos estão para os Juruna assim como os Juruna estão para os porcos.

O PARADOXO DO HUMANO E DO ANIMAL

"Não temos crença; não explicamos nada". "Não cremos: temos medo!". Estas são palavras de um xamã esquimó a Knud Rasmussen (descendente de esquimó, com perfeito domínio da língua e habituado desde a infância à cultura do grupo), destacadas por Lévy-Bruhl como prova de uma clarividência excepcional. Recusando noções como crença e cosmologia, o próprio xamã recusaria a noção de animismo (Lévy-Bruhl 1931:XXXXII). Naturalmente, na aventura intelectual de Lévy-Bruhl não haveria lugar para uma noção, de seu ponto de vista, tão exemplarmente defeituosa: se afirmo que certos povos atribuem características humanas e sociais aos seres naturais, suponho uma distinção ontológica entre o homem e a natureza que pertence apenas ao meu pensamento; assim, perco toda chance de aproximação do sistema que quero compreender.

A noção de animismo, afirma ainda Lévy-Bruhl, é um meio tão cômodo de descrever e explicar certos fenômenos que mesmo os primitivos (cientes, muitas vezes, do que seus investigadores desejam ouvir) adotariam voluntariamente esse procedimento (Lévy-Bruhl 1931:80). De fato, os Juruna (para agradar ou não a mim e a si mesmos, ou, quem sabe, para encurtar a conversa) pareciam cair de bom grado e frequentemente na tentação das racionalizações animistas. Por outro lado, uma proposição como "os Juruna pensam que os animais são humanos", além de destoar sensivelmente de seu estilo discursivo, é falsa, etnograficamente falando. Eles dizem que "para si mesmos, os animais são humanos". Eu poderia assim dizer que os Juruna pensam que os animais pensam que são humanos. É claro que o verbo pensar sofre um enorme deslizamento semântico quando se passa de um segmento da frase ao outro. O que para nós merece ser dito por soar absurdo, mas também estratégico para a descrição etnográfica, como um princípio que nos permitiria reconstituir a racionalidade alheia, para os Juruna é preciso ser dito (lembrado, considerado) por ser potencialmente grave, perigoso. O ponto é que os animais estão longe de serem humanos, mas o fato de se pensarem assim torna a vida humana muito perigosa.

Destituído de qualquer interesse teórico, desde o golpe de misericórdia que lhe foi aplicado por *O Pensamento Selvagem*, o animismo será aqui objeto de uma crítica etnográfica. O resultado a que chegaremos não constituirá novidade — a identificação sendo "condição solidária de todo pensamento e toda sociedade" (Lévi-Strauss 1976b:60); e a predação determinando "a ordem global da sociabilidade cósmica", da qual fazem parte as relações sociais no sentido estrito (Viveiros de Castro 1993:186). Mas os conteúdos etnográficos pelos quais passaremos são essenciais para a elucidação da relação humano-animal na cosmologia juruna e, portanto, para a determinação de alguns aspectos da noção de ponto de vista nessa cosmologia. Os Juruna nos permitirão, também, pôr a nu o paradoxo do animismo.

Em primeiro lugar, eles poderiam dizer-nos: o que vocês consideram como características humanas (definindo-as tanto natural quanto metafisicamente), não pertencem de direito ao ser humano. Temos de produzilas em nós mesmos, no corpo. Cada um, animal ou humano, pode produzir as características que melhor lhe agrade. Vejamos.

A lua nova é a ocasião em que a caça e o conjunto dos animais que habitam a floresta adestram seus filhotes. Os Juruna adestram suas crianças na lua crescente para evitar que seus ritos sejam simultâneos aos dos animais. A força física (para vencer na caça e na guerra) é o objetivo principal desses exercícios, mas também se valoriza o trabalho sobre forças de outro tipo, como a manducação, a expressividade verbal e a inteligência (na qual a função auditiva tem um papel essencial e que engloba a faculdade da crença). Em contraste com essas forças, todas dadas de uma forma incipiente, que aos humanos cabe desenvolver, apurar ou acentuar, situa-se, de um lado, a volição, muito intensa na infância, e que se procura moderar e tornar flexível; de outro, o instinto social (no sentido de inclinação para a comunicação com outrem). Representando, sem dúvida, a característica mais importante, o instinto social é constituído ao longo da formação do embrião por meio de uma intervenção ritual sobre a dieta de carne da futura mãe. O objetivo é impedir que sejam transmitidas ao feto uma conduta típica e complexa dos animais (peixes, inclusive), a saber, agressividade-e-medo, e uma conduta específica do tucunaré, o canibalismo. Segundo entendo, esse temperamento social que os Juruna buscam imprimir ao embrião não significa nada mais que ausência de agressividade-e-

-medo. Ele representa o grau mais baixo da força de defesa de que é capaz um ser vivo. Sua imagem ideal é, de um lado, aquela mansidão (um misto de confiança e tranquilidade) que os mais diversos filhotes e o bebê (bem alimentado) demonstram diante dos humanos, e, de outro, a gratificação que a simples observação dessa mansidão desperta. Em uma palavra, ser sociável é não estar amedrontado-e-violento.

Esta análise abreviada sobre *as características sociais e humanas* de que fala a hipótese animista permite-nos apreender alguns aspectos fundamentais da cosmologia juruna. A reprodução humana e a socialização são baseadas em intervenções que neutralizam um afeto animal (agressividade-e-medo), freiam a volição, e capturam capacidades e forças animais (como a audição excepcional do japim, a dentição do macaco, a resistência do tatu) ou vegetais (o som produzido pela taquara).

Passemos a outro aspecto, relacionado com a noção de alma. Passemos precisamente ao que podemos aprender sobre a mesma a partir do animal, deixando de lado, por não nos interessar diretamente aqui, as dimensões relacionadas com o tema da morte. O animal, segundo fragmentos etnográficos dos mais variados tipos, é fonte para uma apreensão sintética da noção de alma, enquanto princípio pessoal. Tomada

por esse ângulo, a noção remete ao pensamento reflexivo e à consciência de si como aquela de um eu humano, dotado, enquanto tal, de relações sociais, condutas culturais e capacidade para distinguir humano
e animal. Reconhecendo-se como pessoas, os animais
(bem como os humanos e os espíritos) têm um sentimento ambíguo para com os Outros (*imama*, que significa a relação de alteridade nos mais diferentes campos: parentesco, localidade, língua e cultura): desejam
aproximar-se e fazer amizade; mas sentem medo.

O sonho é o plano privilegiado da comunicação entre os humanos propriamente ditos e as mais diferentes espécies animais (e outras categorias ontológicas,
como os ogros e os espíritos). Aí, o animal não apenas
se toma por, mas, sob certas condições, se transforma
em humano para alguém; é identificado como pessoa
por outra pessoa, e os dois travam (ou não) uma aliança mais ou menos durável (isto é, que pode ser experimentada em diferentes noites de sonho).

Não quero encerrar-me em um paradoxo, argumentando que os Juruna não confundem o humano
e o animal visto que atribuem aos animais a capacidade de não fazer essa confusão. O animismo parece,
de fato, colocar um paradoxo do mesmo tipo daquele
que Lévi-Strauss (1976 a:334-335) batizou de paradoxo do relativismo cultural (advertindo já a existência

de variedades). É esse o retrato paradoxal do animal: ele faz a distinção humano/animal e não se apercebe que é animal. Com efeito, (ser) animal é uma condição que não pode ser concebida na primeira pessoa; ele é uma forma da consciência de outrem, ao passo que a consciência de si envia diretamente ao humano.

Atingimos assim duas conclusões. Que a relação entre o humano e o animal é marcada por uma contradição entre o mesmo e o outro: a alteridade real do animal remete ao mesmo tempo à sua identidade virtual. E que existe uma dicotomia muito clara entre as disposições enraizadas no corpo e os atributos da alma. Se o humano captura as primeiras dos animais, ele lhes empresta, pareceria, a cultura (linguagem, interesse pelo Outro, distinção humano/animal e formas de interpretação da realidade). Não podemos, porém, desconsiderar que, ao postularem que tudo o que existe tem uma alma, os Juruna também postulam que os atributos culturais são atributos da alma.

Esses fatos evocam diretamente a noção de "reciprocidade de perspectivas" ("o homem e o mundo se espelham um no outro") com que Lévi-Strauss argumenta em favor da superação da velha dicotomia entre religião e magia (antropomorfismo da natureza *versus* fisiomorfismo do homem), sustentando (por intermédio de uma estranha comparação entre motoristas no trânsito e a inserção do homem em um mundo de signos) que o homem se defronta com o mundo, tomando a ambos e no mesmo golpe como sujeitos e objetos (Lévi-Strauss 1976b:254-256). É nesse contexto teórico que eu situaria a noção de ponto de vista.

O UM E SEU OUTRO

Essa noção coloca questões que a análise baseada em tropos, além de não resolver — como argumentou Turner (1991), a propósito da análise de rituais Jê e Bororo) —, impede de localizar. Noções como metáfora e metonímia (ou congêneres, como totemismo e animismo, na conceituação proposta por Descola[5]) nos atrapalham em nosso anseio de determinar a lógica subjacente das chamadas proposições aparentemente irracionais.

5 Aliás, eu não poderia passar a outro ponto sem mencionar a retomada do termo animismo que Descola (1992) propôs recentemente, visando à criação de uma tipologia das formas de relação com a alteridade e com a natureza. O animismo, segundo afirma, representaria um tipo simétrico e inverso ao totemismo. É verdade que sua hipótese de trabalho desperta questões teóricas específicas para a etnologia amazônica, bem como questões metodológicas gerais, bastante interessantes. Mas eu não poderia discuti-la aqui sem me afastar de meu objetivo. Quero lembrar que as reflexões que apresento neste artigo não se articulam senão muito indiretamente com as hipóteses sugeridas por Descola, e, quando falo em animismo, não me refiro ao conceito que ele assim batizou.

Entre outras proposições desse tipo, a etnografia juruna apresenta esta: *do ponto de vista dos mortos*, tucunaré é cadáver. Se o tucunaré é um dos peixes mais importantes da dieta dos Juruna, segue-se que eles são canibais!... Contudo, em lugar de tomar a equação como uma variante de "os Bororo crêem que são araras", existe, parece-me, outro caminho, pois, se o problema se resumisse a um caso de metáfora, os Juruna diriam na primeira pessoa que o tucunaré é carne humana e não o incluiriam em sua dieta (como fazem, aliás, com um tipo de saúva, cujo sabor é dito semelhante ao da carne de Índio). O fenômeno cuja presença quero assinalar não é um tropo, mas a atri-buição a outrem de um juízo sobre si. Mais, portanto, que traçar as relações simbólicas entre termos como tucunaré e cadáver, o que proponho é a busca de um conceito por meio do qual possamos explorar as con-dições culturais (e não simplesmente lógicas) da ve-rossimilhança de equações como essas. Em poucas palavras, a questão para a qual quero chamar a aten-ção é que mundo é este em que metáforas desse tipo são operativas. Mundo no qual os tropos representa-riam apenas, como argumentam Deleuze e Guatta-ri (1995:13), "efeitos que só pertencem à linguagem quando supõem o discurso indireto".

Em meu trabalho de campo, uma das primeiras

coisas a chamar-me a atenção foi a marca indelével, mas muito misteriosa, da noção de ponto de vista. Certas frases, ditas para mim em português, como "isso é bonito para mim", "bicho virou onça para ele", "apareceu caça para nós quando estávamos fazendo a canoa", pareciam remeter exclusivamente à estrutura gramatical de uma língua que eu não dominava, mas que transparecia no português dos Juruna. Depois que comecei a arranhar algumas frases, as construções que ensejavam tais traduções nunca deixaram de soar estranhas; dentre as práticas juruna mais difíceis de assimilar eu as destacaria, em primeiro lugar e sem hesitação. Amãna ube wï — não é fácil dizer isso sem se desconcertar, desagradavelmente ou não. Sentiame dizendo "choveu para mim", e não "choveu onde eu estava". Essa maneira de relacionar à pessoa até mesmo os acontecimentos mais independentes e alheios à nossa presença deixa sua marca na cosmologia juruna, mas nem presumo que todas as categorias gramaticais tenham o mesmo papel em uma cultura[6],

6 Em meus materiais, a noção de ponto de vista é marcada de uma forma muito simples: aos pronomes pessoais objetivos, acrescenta-se uma partícula que significa "para". Existe, porém, uma diferença capital entre a noção propriamente dita e sua expressão linguística: esta tem um uso muito mais geral. Assim, uma frase como "isso é anta para mim" quer dizer, simplesmente, que o sujeito dá a certa carne o mesmo uso que outrem dá à anta (Lima 1995: 19). Ou seja,

nem acredito que exista a mais remota possibilidade de algum de nós se colocar na pele de um Juruna para captar o sentido que assumiria a vida humana em uma situação em que, para nós, de repente, se tornaria aceitável, ou mesmo perfeitamente justo, dizer: Chove para mim. Esse sentido diria respeito no máximo a uma virtualidade que está em nós, virando-nos pelo avesso. Qualquer dragão sutil, como escreveu Lawrence (1986), nos aferroa no meio da plenitude, dada essa grande máquina em que consiste o cosmos onde vivemos, e morremos de tédio.

Eu gostaria, pois, de assinalar que o único "ponto de vista do nativo" que podemos e desejamos alcançar nada tem a ver com uma identificação imaginária, conforme Geertz (1983) argumentou de forma contundente.

O princípio ego-sócio ou etnocentrado por meio do qual os Juruna organizam sua experiência é o correlato de um princípio à primeira vista semelhante ao relativismo, tal como o concebe nosso senso comum (antropológico ou mais amplo). Assim, para si mesmos, os porcos tocam flautas, que para os humanos são simplesmente os cocos (esvaziados do miolo, comida desse animal) que os porcos fuçam, provocando

a mesma expressão linguística também é usada para se fazer analogias.

a emissão de um som que lembra o apito para uma audição humana, mas cuja musicalidade, na audição dos porcos, é tão rica como aquela das flautas.

A hipótese é, pois, que não são realmente dois princípios distintos e independentes, mas um só e mesmo dispositivo conceitual — justamente a noção de ponto de vista. Dependendo apenas do tema em foco, é que ele ora nos lembra o-centrismo, que normalmente se atribui aos índios (mais ainda do que a nós), ora o relativismo, com o qual contudo, desde que assinalado entre os índios, não sabemos bem o que fazer.

O ponto de vista implica uma certa concepção, segundo a qual só existe mundo para alguém. Mais precisamente, seja um ser ou um acontecimento — e as evidências que minha análise permitirá destacar apontam para a não pertinência dessa distinção entre substância e acontecimento na cosmologia juruna (Lévinas 1957; Viveiros de Castro 1996b) —, o que existe, existe para alguém. Não há realidade independentemente de um sujeito. No entanto, conforme tentarei mostrar nas seções seguintes, sucede que o que existe para o caçador quando ele toma a palavra para falar de si mesmo é apenas parte daquilo que existe para outrem.

Argumentei em outro trabalho (Lima 1995:425-438) contra a possibilidade de interpretar o que então chamei de relativismo juruna como uma versão do relativismo cultural. Baseava-me na estreita dependência do relativismo cultural com uma noção de natureza, em sua indiscutível aliança com o universalismo, ou seu compromisso indissolúvel com a oposição sujeito/objeto[7]. E mostrei como os materiais juruna conspiravam em favor de uma teoria muito diferente.

Quero esclarecer, contudo, que não pretendo negar que o perspectivismo indígena possa ser considerado como uma variante do relativismo, pois, afinal, nada diz que não possa haver outras formas de pensar o relativismo muito diferentes daquelas concebidas pelo pensamento ocidental. Não haveria de ser pela vertigem que sentimos em uma província do pensamento humano onde Protágoras não encontra o seu Platão, nem Demócrito ou Sexto Empírico que nos negaríamos a perceber a presença do relativismo. O que sustento é que se trata de uma concepção da alteridade e da verdade tão peculiar que a comparação com o relativismo cultural é uma ferramenta bastante útil para apreender sua especificidade.

Posso agora aprofundar minha perspectiva a partir de uma releitura de trabalhos de Viveiros de Cas-

---

7 Prado Jr. (1994) para o relativismo no pensamento filosófico; Latour (1994) para o relativismo culturalista e o lévi-straussiano.

tro (1986; 1996a), onde o tema da Palavra Alheia (e do discurso citado) — em que consistem as canções dos mortos e do inimigo, entre os Araweté — é analisado segundo uma perspectiva que me permite ampliar a minha, fazendo alguns ajustes importantes. E também a partir de uma leitura das interpretações que Signe Howell (1984) e Kaj Århem (1993) propõem, respectivamente, para um grupo da península malásia, os Chewong, e um grupo amazônico, os Makuna (Tukano), cujos materiais apresentam paralelos com os meus.

Entretanto, eu não poderia fazer aqui uma exposição da complexa análise sobre o canto do matador — cuja palavra se entrelaça com a da vítima — e o canto xamanístico — ele mesmo "a área mais complexa da cultura Araweté" (Viveiros de Castro 1986:542)[8]. Nem uma exposição dos ricos materiais chewong e makuna. As interpretações de Howell e Århem, apesar do cuidado e esforço de ambos para não caracterizar seus materiais como relativismo, desembocam neste direta ou indiretamente, revelando uma polarização entre o relativo e o absoluto. Entre os Chewong, todos os seres são dotados de consciência, e cada espécie

8 "O discurso xamanístico é um jogo teatral de citações de citações, reflexos de reflexos, ecos de ecos — interminável polifonia onde quem fala é sempre o outro, fala do que fala o Outro. A palavra Alheia só pode ser apreendida em seus reflexos [...]" (Viveiros de Castro 1986:570).

natural (bem como as diferentes categorias de espírito) possui um tipo particular de olho. Em um exemplo prosaico, para o cachorro que se entrega a comer as fezes de uma criança parece que ele está comendo uma banana; assim, seu gesto só é deplorável ao olhar humano; do seu ponto de vista, representa uma conduta perfeitamente razoável (Howell 1984:161). Em resumo, o olho estaria para as diferentes categorias ontológicas como a cultura para a humanidade: não se pode julgar a conduta do outro, visto que a percepção que ele tem do mundo é determinada por seu olho e sua conduta é perfeitamente correta.

Entre os Makuna, os humanos e os animais possuem uma essência espiritual comum. Os segundos transformam-se em animais a fim de circular no mundo dos humanos, e transformam-se em humanos quando retornam às suas próprias moradas. Os urubus, por exemplo, que, segundo as aparências, comem cadáver, vêem o cadáver como um rio muito piscoso, conforme assinalam os vermes que nele pululam. Inversamente, certas regiões do rio são tidas como pertencentes aos urubus, e os humanos ali não devem pescar porque o que lhes parece peixe na verdade são vermes (Århem 1993:116).

A interpretação de Kaj Århem está baseada na hipótese de uma humanidade essencial, ou uma unidade metafísica de todos os seres, e na oposição conceitual entre essa essência e a aparência. Também Howell (1984:157, 159, passim) invoca uma "verdadeira essência das coisas", e o próprio título que ela dá ao capítulo onde desenvolve o tema é revelador: "relatividade na percepção". Ambas as interpretações são, sem dúvida, bastante coerentes com os materiais etnográficos, mas, como se sabe, no que diz respeito a fenômenos dotados de generalidade, a perspectiva etnográfica mostra-se demasiado estreita. Meus materiais não são menos estreitos, e torço para que um estudo comparativo sobre o perspectivismo nas cosmologias indígenas seja empreendido[9]. A ressalva não me impediria de dizer que a conclusão elaborada por Århem e Howell parece-me um pouco apressada. Pois vejamos.

O xamã, capaz de ver o mundo tal qual ele é, capaz de descobrir e revelar a natureza última das coisas, te-

9 Assinale-se a grande variedade das formas de expressão da noção de ponto de vista nas diferentes culturas amazônicas e provavelmente no interior de cada uma. Os Matsiguenga, por exemplo, desenvolvem um aspecto do qual não conheço exemplo na etnografia Juruna: do ponto de vista da lua e outras categorias os humanos não aparecem como tais, mas como antas ou caititus (Baer 1994:224). Não pude ainda fazer um inventário exaustivo para os Juruna, mas adianto os seguintes padrões. (1) Como esquema geral: são dados dois sujeitos e duas categorias; estas são distintas de acordo com um dos sujeitos e indiferenciadas de acordo com o outro. A distinção é uma ótica geralmente assumida pelos humanos e sucede que eles são traídos por esse mesmo dom para a diferencia-

ria um ponto de vista descentrado (Århem 1993:124). Nem a noção de descentramento nem a de natureza última das coisas (Howell 1984:157, 159, *passim*) são muito apropriadas, a meu ver. O xamã é tão solidário quanto qualquer outro (humano, animal ou espírito) com o seu sistema de referências. Com essa fórmula relativista, minha intenção não é apontar o óbvio; desejo ressaltar que a própria inserção do xamã nesse mundo marcado pela variação dos pontos de vista é determinada por sua solidariedade (no duplo sentido do termo, e positiva ou negativa) com o sistema de referências humano. Ressalto que a noção de descentramento jamais explicaria por que, na "ecosofia 'xamânica'" makuna, apenas certas *regiões* do rio, pertencentes aos urubus, são habitadas por peixes que os urubus não comem, por serem vermes para os

ção. (2) Uma categoria (empírica ou não) relacionada com uma região cósmica determinada transforma-se em outra categoria a fim de transitar em terra alheia — a transformação sendo uma potência da própria categoria, a qual sustenta o ponto de vista que era o seu antes da transformação. (3) Uma categoria empírica, destituída de ponto de vista, sofre uma alteração por atravessar domínios cósmicos. (4) Animais tomam a parte pelo todo. (5) No sonho, o ponto de vista alheio determina o sentido de imagens oníricas. (Quando o olhar dos porcos se deita sobre uma amiga e eu, as águas do rio onde tomávamos banho se transformam em lama, ao nosso olhar, e em mandioca pubando para o cauim, ao olhar dos porcos.) Veja-se, ainda, que o problema remete para a (aparentemente) dupla questão da metamorfose e do devir, e para a heterogeneidade do espaço. Não poderei abordar aqui nem uma nem outra.

próprios urubus; peixes que *por isso* os humanos não devem comer. Tampouco explicaria por que apenas em certos períodos os Juruna que comessem tucunaré teriam de tomar (outra dose de) emético para vomitar (de novo) o cheiro do cadáver do parente morto. Em ambos os casos — *certas regiões de pesca* ou *certos períodos da vida* (o luto) — vigora o ponto de vista alheio, do qual o xamã não é mais que o porta-voz. Ou o "rádio", como dizem os Araweté, onde cantam as palavras alheias (Viveiros de Castro 1986:543). Permanece assim verdadeiro que, ainda que ele não se situe no ponto de vista de Sírio, ainda que sua função não se baseie em descentramento algum, Howell e Århem têm razão ao assinalar que seu ponto de vista é privilegiado. E o é justamente por ser ele o ponto de vista da variação entre aqueles pertencentes às diferentes categorias de alteridade. Além disso, ao menos entre os Juruna, que perderam os xamãs e relutam em assumir esta função, o ponto de vista da variação é a própria sabedoria; e esta é humana (Lima 1995: 438).

Também minha primeira interpretação apresenta um enfoque que merece ajuste. Em estudos dedicados ao que chamou de metafísica guarani, Pierre Clastres (1974a; 1974b) ressaltou que não é porque o pensamento guarani recusa o um que devemos concluir sua opção pelo múltiplo — esta oposição sendo demasiadamente grega. Nem o um nem o múltiplo, trata-se antes de uma afirmação do dois. A verdade na cosmologia juruna (onde, aliás, inúmeros paralelos podem ser traçados com a cosmologia guarani), sendo decididamente alheia ao um, alheia ao ponto de vista de Sírio, foi por mim interpretada como pluralidade e polivocidade — projetada, como ela é, sobre planos cósmicos diferenciados ou dispersa entre pontos de vista diferentes (Lima 1995:438). Porém, isso é apenas uma abordagem de conjunto sobre o perspectivismo juruna, e não deve ser compreendido como multipli-cidade na acepção da metafísica ocidental. Em uma abordagem mais localizada ou atenciosa para com o regime da variação dos pontos de vista o que se obser-va é um regime binário: tucunaré/cadáver, carniça/moqueado, água/sangue, puba seca/carne humana podre, humanos/porcos e assim por diante. Estas ca-tegorias sendo objeto de uma disputa entre os huma-nos e alguma outra categoria de alteridade.

Não creio afastar-me da hipótese de Clastres no que vou tentar mostrar agora: como o dois também tem o seu múltiplo. Passamos assim para a análise da etnografia da caça dos porcos apresentada no início deste artigo.

A alma animal — merecendo ser distinguida da alma humana — tem como um de seus aspectos o fato de que, ao tomar-se como humanos, os porcos são dotados de certas práticas que se reportam à cultura juruna[10]: cauim, xamanismo, grupos baseados no parentesco, guerra, atitudes de brincadeira entre os afins, música de sopro etc. Não me cansaria de frisar que essa unidade não está, absolutamente, a serviço de uma identificação com o animal, mas, muito pelo contrário, de uma variação entre os pontos de vista humano e animal, a saber, uma variação entre a caça e a guerra, que, ela sim, é plena de importância. A noção de ponto de vista atuando aqui como articulador da alteridade real e da identidade virtual dos porcos relativamente aos humanos.

Diríamos que aquilo que os humanos apreendem como caça, os porcos apreendem como guerra. Entretanto, esta é uma formulação equivocada, pois pressu-

10 Isso deve ser matizado. Os urubus, por exemplo, têm certos itens culturais apenas seus, mas os Juruna, nos tempos remotos, roubaram-nos. Um diadema de palha bastante típico da identidade cultural desse grupo (segundo ressaltam os próprios Juruna) pertence aos urubus. Também entre os Makuna, os urubus, à diferença dos outros animais, apresentam certa diversidade cultural: partilham a louça de cozinha com os Brancos (Århem 1993:116).

põe um único e mesmo acontecimento, visto por dois tipos tão diferentes que a apreensão de um só pode ser irredutível à do outro. A caça dos porcos não põe em cena uma mesma realidade vista por dois sujeitos, conforme nosso modelo relativista. Pelo contrário, ela põe um acontecimento para *os humanos* e um acontecimento para *os porcos*. Em outras palavras, ela se desdobra em dois acontecimentos paralelos (melhor dizendo, paralelísticos[11]),

humanos caçam porcos
humanos são atacados por inimigos

que são também correlativos, e que não remetem a nenhuma realidade objetiva ou externa, equiparável ao que entendemos por natureza. Um é o referente do outro. Diremos, pois, que a caça apresenta duas di-

11 Uso o termo paralelismo em sua acepção literária, e de acordo com a teoria jakobsoniana da poética (Jakobson 1963; 1977). Esse é o princípio que predomina nas narrativas míticas indígenas e os Juruna empregam-no eventualmente na prosa cotidiana. Ver seu aparecimento nesse comentário sobre a refeição das almas no festival dos mortos ('i'ãnay): "Os 'i'ãnay comem a comida, mas não comem, não. / Eles dizem que as panelas estão vazias, é mentira deles! / Para si próprios a comida acabou, para nós próprios a comida está lá. / Eles só comem a alma do peixe, e, comendo, a alma acaba para eles. / 'O peixe acabou! As panelas estão vazias! Vocês podem comer também... se sobrou... vocês podem comer', dizem eles" (Lima 1995:260).

mensões, dadas como dois acontecimentos simultâneos que se refletem um no outro.

A duplicidade é a lei de todo ser e de todo acontecimento. Seja a experiência humana. Jamais apresenta uma única dimensão; ela é dupla, por definição. Uma é a da realidade sensível, na qual o tucunaré e o cadáver, os porcos e os humanos (e assim por diante) são distintos; a outra é a da alma. Esta última se desenvolve no sonho e nela atuam regras que não são necessariamente as mesmas que vigoram na realidade sensível. Ou melhor, o ponto de vista do Outro pode ali se impor enquanto verdade para os humanos. Desse modo, na apreensão da alma (dada em suas experiências oníricas), um bando de porcos correndo em disparada na floresta corresponde a outra coisa para o caçador, a saber, um ou mais inimigos.

Nesse contexto, a experiência da alma humana, diferentemente daquela da alma animal, não consiste em consciência de si como sujeito. De um lado, enquanto princípio vital situado no coração, a alma é uma parte do eu e não pode explicar por que o eu é uma pessoa[12];

---

12 Registre-se que apenas a morte pode efetuar essa conjugação da alma humana com o sujeito. Como, porém, o perspectivismo também atua na sociedade dos mortos que habitam os rochedos, assim como em sua relação com os vivos e as almas dos mortos canibais que habitam uma aldeia celeste, o morto também organiza sua experiência em termos de corpo/alma, ou sujeito/duplo.

de outro, ela é o duplo do sujeito, e escapa, enquanto tal, ao mesmo. Sua experiência não é, então, a subjetividade, exceto que alguns fragmentos seus podem vir a preencher a consciência. Assim a perda da alma, por captura efetuada pelos porcos em uma caçada (ou pelos mortos em outras circunstâncias): o caçador não tem a vivência disso, ele não pode ter — no limite porque ainda não está morto. Ele emagrece, definha, torna-se profundamente melancólico; o xamã pode contar-lhe a aventura que sua alma vive ao longe, e se não tem sucesso em trazê-la de volta, o caçador morre. O sonho, por sua vez, pode proporcionar um conhecimento parcial da vida da alma. O próprio caçador pode se lembrar de fragmentos da história não lembrada da vida de sua alma junto aos porcos.

A experiência do animal também tem duas dimensões. Já conhecemos a dimensão sensível da experiência dos porcos, na qual eles se vêem como pessoas e agem como humanos: bebem seu cauim, tocam sua flauta, defrontam-se com desconhecidos na mata, no rio ou nas margens das roças alheias.

Se esse jogo de simetrias que a cosmologia juruna constrói nos dá algum direito de seguir, podemos deduzir que a dimensão "animal" do animal (a face animal dos porcos), fazendo parte da experiência sensível dos humanos, e escapando inteiramente aos porcos, sendo a parte de si ignorada pelo sujeito, está para os porcos assim como a experiência da alma está para os humanos. Se o animal pudesse ver a si mesmo, ele se defrontaria com seu duplo. Ora, isso é tão impossível quanto o é para um humano se defrontar com sua própria alma. O sujeito e seu duplo se ignoram.

O duplo é invisível não exatamente porque seja imaterial, ou mesmo porque tenha uma matéria diferente da do corpo. Alma e corpo são conceitos que não designam primeiramente substâncias, mas efeitos de perspectivas. Esses conceitos operam por intermédio de uma noção, o ponto de vista, que articula tanto as duas dimensões da experiência humana (se minha alma viu porcos vivos, eu verei inimigos) quanto a dimensão sensível de um com a dimensão espiritual do outro. Poderíamos designar as duas últimas como Natureza e Sobrenatureza, não esquecendo que tais conceitos são necessariamente dependentes do ponto de vista de alguém, isto é, funcionam como categorias relacionais.

Antes de prosseguir, gostaria de fornecer uma evidência suplementar para a interpretação que proponho. Tomemos o tema da captura da alma do caçador pela caça. Um aspecto "aparentemente irracional" desta... como dizer... metafísica da caça seria o seguinte. Porcos e humanos confrontando-se na caça são viventes — suponhamos. Uma premissa cosmológica elementar diz que é a alma de um vivente que assinala a presença do mesmo às almas (dos mortos ou ogros-fantasma). Ou seja, assim como um vivente não pode ver (o corpo de) uma alma, uma alma só pode ver e atuar sobre a alma do vivente. Na caçada, porém, a alma do caçador, se lhe ocorre abandonar seu sítio devido ao medo que atinge o sujeito, não apenas é visível para os porcos como é capturada e vai viver com eles, ganhando, com o tempo, corpo de porco, visível ao olhar humano. Minha interpretação é, pois, perfeitamente justificada: uma vez projetada como duplo, a alma dos caçadores faz parte da apreensão sensível dos porcos, em contraposição ao fato de que aquilo que para os porcos representa seu próprio duplo faz parte do campo da apreensão sensível humana. O que, portanto, é Natureza para os humanos intercepta a Sobrenatureza para os porcos, e vice-versa. É por isso que estas são categorias que antes de distinguirem este mundo e o além em termos absolutos diferenciam planos que compõem cada ser e acontecimento. São elas que definem a unidade e a relatividade do dois.

Voltemos aos dois acontecimentos paralelos em que consiste a caça. Cada sujeito — caçadores e guerreiros — tem o seu próprio ponto de vista como "realidade sensível", e considera o ponto de vista do Outro como a dimensão supra-sensível ou "sobrenatural" da sua experiência (não haveria de ser à toa que os porcos têm o seu xamã!). Deste modo, o acontecimento, que para cada sujeito é o único verdadeiro, é considerado por ele de um duplo ponto de vista, o seu próprio e o do Outro. Ou seja, tanto a caça quanto o caçador apreendem o "seu" acontecimento de um duplo ponto de vista:

os caçadores perseguem uma caça que se concebe
        como guerreiros
os guerreiros se defrontam com afins potenciais
        que agem como inimigos

Sendo que o ponto de vista do Outro incorporado pelo sujeito representa uma virtualidade, que pode se atualizar ou não em função da ação efetuada por cada um.

Assim, o acontecimento que existe para os porcos deve ser (em uma formulação a nosso ver grosseira, mas, na verdade, bem adequada ao espírito dos Juruna) reduzido a uma mentira pelos humanos. Na mesma medida em que os caçadores querem impor o seu ponto de vista aos porcos, estes não perderiam a chance de fazer o mesmo. Não se entregariam ao inimigo sem luta. Os caçadores, de sua parte, tampouco podem ignorar as disposições da caça. Uma luta entre caçadores e guerreiros está em curso.

Podemos aqui abrir parênteses para constatar que colocar o problema em termos relativistas e invocar em seguida alguma "verdade última" equivale a não perceber a natureza do problema. Aproveito para lembrar também, mais uma vez, que é totalmente descabido buscar qualquer identificação imaginária com o caçador. Colocarmo-nos em seu lugar só nos levaria, ironicamente, a assumir o ponto de vista dos porcos. Caberia observar, ainda, que podemos perspectivar a resistência que os antropólogos "culturalistas" impomos à leitura ecologista da guerra indígena como caça. De fato ela não é caça, nem que seja porque a própria caça não o é. Mas isso não significa absolutamente que os caçadores só praticam a guerra — esta ainda é uma interpretação imaginária. O que nos dizem os fatos diante dos quais nos encontramos é que caçadores combatem guerreiros. A caça incorpora a guerra (assim como o caçador deve incorporar o ponto de vista dos porcos), mas não deve se confundir com ela. Sendo assim, a tentativa de interpretar a relação com os animais como projeção das relações humanas defronta-se com uma perda etnográfica substantiva. A distinção humano/animal é plena de importância para um pensamento sempre pronto a também levar em conta a animalidade específica do animal que atua como Outro.

Uma luta então está em curso — luta entre a caça de um e a guerra do outro. O infortúnio do caçador é o resvalamento da caçada na guerra. Cientes da dimensão sobrenatural que o ponto de vista dos porcos representa para eles, os humanos utilizam-se de meios através dos quais pretendem impedir toda possibilidade de os porcos virem a impor seu ponto de vista.

Na preparação da caçada, não se brinca com as palavras à custa dos porcos, não se pode bancar o primo cruzado ou amigo do animal. Na caçada, não se exprime o medo gritando, como se o caçador fosse a presa. Se, para os porcos, os humanos são seus afins potenciais, e se a caça é uma guerra, aquele caçador que aceitar este ponto de vista favorece a atualização da intenção virtual da caça: os porcos (o atacam e) o capturam, e ele, morto para os humanos, acabará transformado em porco.

Como é peculiar ao diálogo da afinidade (onde se aguarda o momento certo, mas não se deixa o humor irônico sem resposta, isto é, onde o "estímulo" e a "resposta" são constitutivamente separados por um intervalo de tempo maior que o diálogo comum), dirigir brincadeiras aos porcos é ceder-lhes a palavra involuntariamente, precipitando assim uma inversão que se faria sentir em ambos os acontecimentos paralelos:

os porcos matam humanos
os guerreiros assumem o ataque e capturam
    afins potenciais

Ao animal não pode ser dada nenhuma chance de tomar a Palavra. É esta também a mensagem do mito de Cabeça-de-Martim-Pescador, bem como dos relatos que associam a caça dos porcos à intervenção do xamã. Se a palavra do xamã encerrasse uma moral, ela seria formulada assim: cuidado! os porcos se parecem conosco; portanto, não os tratem como pessoas; senão vocês viram porcos.

Ao fim da caça, a alma da presa segue com seu predador[13]. Ele abordará sua relação com a presa de duas perspectivas distintas. Dirá "meu porco" (u-me-huða), empregando uma categoria de posse segundo a qual o objeto possuído é de direito (e de fato) alienável. Dirá "minha presa" (u-mita), para exprimir que ela é uma parte inerente de si mesmo, o caçador. Partilhada em refeições coletivas, a carne, sob a forma de

13 Aqui também, o tema da alma animal diverge do tema da alma humana, que, na morte, apresenta uma incompatibilidade fundamental com o cadáver.

alma parcial (dente, pêlo, fragmento de osso), poderá acarretar infelicidades para o caçador: morder, espetar, furar o interior do corpo de seus filhos pequenos. Mas isso nos levaria a uma outra dimensão da cosmologia juruna que aqui não podemos analisar.

O dois e seu múltiplo

Para alinhavar algumas conclusões, gostaria de destacar alguns fios soltos. (1) A palavra do caçador, desencadeadora de um diálogo fatal com os porcos, assumiria aqui um papel que lembra a operação sacrificial: ela traça — "por antecipação, e como que em pontilhado" (Lévi-Strauss 1976b: 259-260) — uma continuidade irreversível entre o caçador e a caça. Reservemos as figuras da antecipação e da linha pontilhada, sem com isso preservar a figura do sacrifício. (2) O fragmento onírico porcos abatidos, índice de que a alma caçou porcos, significa que porcos surgirão no caminho do caçador; o fragmento porcos correndo, índice de que inimigos perseguiram a alma, significa que surgirão inimigos para o caçador. (3) Todo ser ou fenômeno é dois: os caçadores, os porcos, a caçada. (4) A noção de alma humana não remete à experiência subjetiva — este é o último fio, que articularei com os anteriores a fim de mostrar que a caça desenha uma forma pura do tempo: um tempo bilinear múltiplo.

A caça aqui e agora — constituída como dois acontecimentos paralelos que se refletem um no outro e que compreendem, cada um, duas dimensões paralelas que se refletem uma na outra — pode ter sido sonhada por um dos caçadores. Ela é, nesse caso, um acontecimento paralelo a outro transcorrido em outro momento e lugar. Ou seja, a caça-e-seu-outro tem ela mesma seu outro, deslocado no tempo e no espaço. Tempo e espaço obedecem, assim, ao mesmo princípio de paralelismo, colocando um problema particular e mais complexo — o tempo, particularmente, já que se permite desconhecer a simultaneidade.

Devido às experiências agradáveis que o caçador vivencia, a alma vai procurar, enquanto ele dorme, aventuras em terra alheia, onde muitas vezes o que vigora é o ponto de vista, a palavra ou a verdade do Outro. Na manhã seguinte, se o caçador se lembra de porcos abatidos, ele fica à espera do que talvez esteja se armando para ele. O sonho tanto pode significar uma caçada que a alma prosseguiu fazendo em função de alguma outra ocorrida em sua experiência sensível nos últimos dias, como significar uma caçada que foi iniciada pela alma e está para se realizar, para ele, nos próximos dias. O duplo da caça pode assim ser ou o prolongamento de um passado ou o desencadeamento de um futuro.

Se a alma vê um bando de porcos correndo livremente, o caçador teme ser atacado por inimigos. Ele nada faz durante os próximos dois ou três dias, não vai à floresta nem navegar. Tampouco narra o sonho. Mas será que nesse sistema o medo do caçador tem uma conotação específica? Sim, específica e positiva. Em lugar de se encolher de medo por causa daqueles que estão indo em sua direção, ele suspende suas atividades fora da aldeia para ficar tranquilo. Seu medo é prudência. Também é muito mais que isso. Não é que o inimigo vá passar e ele não deva estar lá por isso; não é que em tal lugar da floresta passará um inimigo e o caçador corra o risco de passar pelo mesmo lugar, na mesma hora, e deparar-se com ele. É uma maneira bem diferente de conceber o tempo, maneira que não se diz nem como acaso nem como necessidade. O sonho não é um espelho onde o caçador veria o seu futuro, mas uma linha paralela de tempo onde a alma do caçador se engaja em um acontecimento novo. Não há nem encontros acidentais, nem encontros determinados pelo destino. O caçador paralisa-se porque não estando ele lá, o inimigo não passará. Seu medo, além de prudência, por meio da suspensão das atividades que definem a linha temporal do caçador, é uma imobilização do tempo outro, ruptura do acontecimento que se desenha ao longe para ele. O caçador recusa-se a refletir a imagem do acontecimento que, longe, começou a se desenhar contra ele.

Se todo acontecimento depende de seu duplo para se completar como tal, e se o caçador, por meio de sua ação-e-palavra, pode ou não se oferecer como espelho para a duplicação do acontecimento em sua experiência sensível, cabe ainda determinar com mais exatidão como o um se articula com seu outro.

Quando se trata de perspectivismo, conforme ressalta Deleuze em seu estudo sobre Leibniz e o pensamento barroco, e cujo conceito de "dobra" não deixa de evocar o perspectivismo paralelístico que estamos estudando, nada de sujeito e objeto definidos previamente: "será sujeito aquele que vier ao ponto de vista, ou sobretudo aquele que se instalar no ponto de vista" (Deleuze 1991:36).

Também a caça aqui e agora, parada das duas linhas espaço-temporais, é momento em que a apropriação da Palavra é tudo. Pois é essa apropriação que responderá por uma inflexão a ser desencadeada em qualquer uma das duas linhas. Quem se precipitará sobre a linha sobrenatural do outro, o caçador ou o guerreiro? A caça (a um só tempo virtual e real) é quando o humano inicia e sustenta a inflexão; ela é a apropriação e a afirmação do ponto de vista do homem pelo homem. A guerra (simples virtualidade, e que pode se exprimir como acidente com, ou mesmo a morte de um caçador inexperiente) é a apropriação do ponto de vista pelos porcos. O infortúnio do caçador é o resvalamento da sua caça na guerra do outro, assim como o infortúnio do animal é o resvalamento de sua guerra na caça.

Na vida do caçador, nem mesmo a palavra é representação. Tomada em seu ângulo performativo, destinada, durante a combinação da caçada, a passar de um ao outro, circular entre todos e não se imobilizar em ninguém, e aliada a todo tipo de linguagem (gesticulação, estampido, grito e silvo de flecha), a palavra é caça, antecipando ou pontilhando seu duplo. É por seu intermédio que o antes e o depois são constrangidos a se quebrar em dois, emparelhar-se e refletir a imagem um do outro. É ela que diz o que já aconteceu amanhã.

A própria linha temporal em que se desdobra a experiência sensível do caçador é, portanto, também ela, dupla.

Tomada em seu ângulo dialógico, durante a caçada, a palavra deve permanecer entre si; um explosivo, silenciada para tornar-se silenciadora de toda palavra alheia. Agora nada mais é antecipação, tudo é realização, encontro do um e do outro. Primeiro ela traça, com um só gesto, a linha do animal e o outro da linha-de-combinação dos caçadores. Depois traça o ponto de inflexão onde a caça humana obriga a guerra dos porcos a negar a si mesma.

São esses os aspectos de uma cosmologia perspectivista amazônica a que a caça de porco do mato dá acesso. A estrutura que a noção de ponto de vista permite configurar é, em primeiro lugar, feita de tempo: linhas espaço-temporais ou acontecimentos e seus duplos, e os duplos de seus duplos. Em segundo lugar, ela é uma dinâmica na qual a Palavra virtual do animal é tudo. Ensina ainda que a realidade para o caçador quando ele toma a palavra para falar de si mesmo faz parte de realidades para outrem. Desse modo, o sujeito ao qual os acontecimentos são referenciados não é um centro em torno do qual gira seu próprio mundo. Trata-se antes de um Sujeito disperso no tempo-e-espaço cósmico, duplicado entre a vida sensível e a vida da alma, partido entre Natureza e Sobrenatureza, e complexificado por seu Outro — no caso em pauta, o outro do porco do mato.

Mas isso que você propõe — dir-se-ia — redunda em uma hipótese que, se me permite o jogo de palavras, é a seguinte: a estrutura formal da narrativa mítica, que se confunde, aliás, com a substância da mesma, é a forma estrutural do tempo do caçador. Sendo assim, o tempo histórico do caçador, que você chamou de tempo bilinear múltiplo, poderia ser chamado de tempo mítico. E isso me lembra, retruco eu, o que Joana Overing escreveu recentemente: "Vemos nosso conceito de tempo linear e progressivo como um princípio abstrato que reflete a realidade tal como ela realmente é..." (Overing, 1995:132). Eu gostaria que meu conceito também refletisse a realidade dos Juruna tal como ela é. Mas não entenda o que eu não disse, que o tempo bilinear múltiplo seja a única forma temporal que a sua cosmologia traça para eles. Pois, afinal, como saber antecipadamente a configuração que o tucunaré, ou a Palavra dos mortos, traça para os Juruna?

Post scriptum dedicado a Vanessa Lea. Os Juruna desenham em sua pele, nas cuias para servir cauim e em outras superfícies, bem como tramam em suas redes, belos padrões de labirinto. Essa arte gráfica era intrigante para mim pelo decidido silêncio que a cultura juruna mantém no que diz respeito a ela. O homem que olhar demais para a pele de uma mulher assim desenhada, tentando seguir com os olhos os pares de linhas que se infletem e se multiplicam, formando motivos que se repetem um número multiplicado de vezes e cobrem todo o seu corpo, corre o risco de se perder nos caminhos da superfície da realidade. Isso é tudo. O simbolismo que nela procurei, em vão, talvez jamais tenha existido, talvez não possa existir. Quem sabe, essas linhas desenhadas na pele, a cultura sendo ela mesma seu comentário, não são as formas puras das estruturas formadas pelas linhas do tempo. Não posso aqui examinar esse problema. Mas tenho de me pronunciar sobre um ponto de minha análise que permanece inconcluso — ele se torna ainda mais evidente após a aproximação dos desenhos da pele —, relativo ao caráter aberto ou fechado da estrutura temporal que descrevi.

Considerando-se que a metafísica da caça situa um sonho no início e outro no fim da história de uma caçada, dados como caça antecipada e prolongamento de caça já realizada na experiência sensível; considerando-se também que essa metafísica coloca o passado e o futuro em uma relação metafórica ou de paralelismo, podemos afirmar que o sonho inicial é paralelo ao sonho final, formando assim a moldura das demais linhas da caça. A história do caçador (afora o fato de ele trazer na pele cicatrizes que lhe permitem recordar antigas aventuras) compõe-se, assim, de inúmeros motivos — muitos dos quais incompletos, por sorte ou azar seu — emoldurados por sonhos (seus ou de outrem, factuais ou virtuais), eles mesmos emoldurados pelas compridas linhas da Vida e do Sonho do caçador.

BIBIOGRAFIA

ÅRHEM, Kaj. 1993. "Ecosofía Makuna". In: F. Correa (org.), La Selva Humanizada: Ecología Alternativa en el Trópico Húmedo Colombiano. Bogotá: Instituto Colombiano de Antropología/Fondo FEN Colombia/Fondo Editorial CEREC. pp. 109-126.

BAER, Gerhard. 1994. Cosmología y Shamanismo de los Matsiguenga. Quito: Ediciones Abya-Yala. CLASTRES, Pierre. 1974a. "De l'Un sans le Multiple". In: La Société contre l'État. Paris: Minuit. pp. 146-151.

___. 1974b. Le Grand Parler. Paris: Seuil. DELEUZE, Gilles. 1991. A Dobra: Leibniz e o Barroco. Campinas: Papirus.

___ e GUATTARI, Félix. 1995. Mil Platôs. Capitalismo e Esquizofrenia (vol. 2). Rio de Janeiro: Editora 34.

DESCOLA, Philippe. 1992. "Societies of Nature and the Nature of Society". In: A. Kuper (org.), Conceptualizing Society. London/New York: Routledge. pp. 107-126.

GEERTZ, Clifford. 1983. "'From the Native's Point of View': On the Nature of Anthropological Understanding". In: Local Knowledge. New York: Basic Books. pp. 55-70.

HOWELL, Signe. 1984. Society and Cosmos. Chewong of Peninsular Malaysia. Oxford: Oxford University Press.

JAKOBSON, Roman. 1963. "Linguistique et Poétique". In: Essais de Linguistique Général 1. Les Fondations du Langage. Paris: Minuit. pp. 209-248.

___ . 1977. "Qu'est-ce que la Poésie". In: Huit Questions de Poétique. Paris: Seuil. pp. 31-49.

LATOUR, Bruno. 1994. Jamais Fomos Modernos. Rio de Janeiro: Editora 34.

LAWRENCE, D. H. 1986. Mornings in Mexico. London: Penguin Books.

LÉVI-STRAUSS, Claude. 1976a. "Raça e História". In: Antropologia Estrutural Dois. Rio de Janeiro: Tempo Brasileiro. pp. 328-366.

___ . 1976b. O Pensamento Selvagem. São Paulo: Cia. Editora Nacional.

LÉVINAS, Emmanuel. 1957. "Lévy-Bruhl et la Philosophie Contemporaine". Revue Philosophique de la France et de l'Étranger, 4:556-569.

LÉVY-BRUHL, Lucien. 1931. Le Surnaturel et la Nature dans la Mentalité Primitive. Paris: Félix Alcan.

LIMA, Tânia Stolze. 1986. A Vida Social entre os Yudjá: Elementos de sua Ética Alimentar. Dissertação de Mestrado. PPGAS/Museu Nacional/UFRJ. ___ . 1995. A Parte do Cauim. Etnografia Juruna. Tese de Doutoramento. PPGAS/Museu Nacional/UFRJ. OVERING, Joanna. 1995. "O Mito como História: Um Problema de Tempo, Realidade e Outras Questões". Mana, 1(1):107-140 .

PRADO JR., Bento. 1994. "O Relativismo como Contraponto". In: A. Cícero e W. Salomão (orgs.), O Relativismo enquanto Visão do Mundo. Rio de Janeiro: Francisco Alves. pp. 71-94.

TURNER, Terence. 1991. "'We Are Parrots, Twins Are Birds': Play of Tropes as Operational Structure". In: J. W. Fernandez (org.), Beyond Metaphor. The Theory of Tropes in Anthropology. Stanford: Stanford University Press. pp. 121-158.

VIVEIROS DE CASTRO, Eduardo. 1986. Araweté, Os Deuses Canibais. Rio de Janeiro: Jorge Zahar/Anpocs.

___ . 1993. "Alguns Aspectos da Afinidade no Dravidianato Amazônico". In: E. Viveiros de Castro e M. Carneiro da Cunha (orgs.), Amazônia: Etnologia e História Indígena. São Paulo: NHII/USP-FAPESP. pp. 149-210.

___ . 1996a. "Le Meurtrier et son Double chez les Araweté (Brésil): Un Exemple de Fusion Rituelle". In: M. Cartry e M. Detienne (orgs.), Destins de Meurtriers. Paris: CNRS [Systèmes de Pensée en Afrique Noire, 14]. pp. 77-104.

___ . 1996b. "Os Pronomes Cosmológicos e o Perspectivismo Ameríndio". Mana, 2(2):115-144.

POR uMa CaRTOGRaFia DO PODeR e Da DiFeReNÇa Nas COSMOPOLÍTiCas aMeRÍNDias[1]

Em vez de antes de Cristo e depois de Cristo, para nós deveria ser a.B. e d.B., antes e depois do Branco.
MAYRAWË KAYABI.

Como todo mundo, também me descubro ocasionalmente refazendo listas de melhores romances, filmes, livros ou poemas. Se bem me lembro, a *Crônica dos índios Guayaki* (Clastres, 1995) raramente esteve

1 Quero agradecer vivamente a Renato Sztutman o convite para participar desse Colóquio e o estímulo para transformar minha intervenção neste artigo. Parte do que aqui apresento vem de uma comunicação na mesa redonda "Diferenças, diferonças: regimes contemporâneos da natureza" — XXX Encontro Anual da ANPOCS — e agradeço a Eduardo Viveiros de Castro e a Mauro Almeida pela oportunidade e discussão. Minha gratidão, ainda, aos velhos parceiros de aprendizado e susto com Clastres: Janice Caiafa e Marcio Goldman.

presente numa lista, embora seja o livro que me impressiona mais. De maneiras diferentes ao longo do tempo, como se eu não envelhecesse sem que eles se renovassem, os livros de Clastres não param de me surpreender. Por sua imagem da antropologia como uma figura sobre um fundo trágico, sua multivocalidade, sua escrita intempestiva, em suma, devo ter uma relação de paixão com Clastres, quer dizer, "uma relação interior", na qual e pela qual posso entrar em outras multiplicidades, realizar o sonho de não ser mais o que sou, tal como o que ele descreveu em sua análise do canto dos caçadores Aché (Guayaki) como "um canto geral" (Clastres, 2003, pp. 142-143). Esta intervenção não poderia ser senão passional.

Foi o que vim a redescobrir recentemente lendo três comentários publicados nos Estados Unidos sobre a *Crônica dos índios Guayaki*. Todos os três se tecem com o "pecado original" (Sahlins, 1997) do a-historicismo, primitivismo, essencialização, busca de heroísmo, exotização do Outro, romantismo rousseauísta ou rousseauísmo romântico... Todos os três pareceriam, como diz o filósofo, funcionários dos valores em curso.[2] Mas Clastres exigiu dos resenhistas que se temperassem

2 A expressão é de Nietzsche, retomada por Deleuze (1976, p. 77), ao caracterizar a distância entre o pensamento nietzschiano e o de Kant.

tais clichês com um pouco mais de pimenta. Um deles começa declarando que "[N]o *design* e no conteúdo, a *Crônica* é uma monografia antiquada que detalha encontros heróicos com o Outro exótico" (Dean, 1999, p. 9). E termina nos lembrando, por assim dizer — aos antropólogos, certamente, e aos índios, talvez — do perigo que existe em se ser ouvido e visto como povo indígena! A outra resenha, mais modesta, ressalta que o estilo narrativo é controverso, e que pairam dúvidas quanto às fontes do material, para terminar com uma declaração de esperança: poder um dia ouvir da boca dos próprios Guayaki a sua história! (Brown, 2000). A última resenha é um tanto mais capciosa, no que pretende, entre muitas outras coisas, fazer ao leitor uma espécie de revelação: verdadeiramente, os Guayaki estudados por Clastres não eram senão refugiados em um posto comercial do Estado paraguaio! (Geertz, 2000, p. 110).

Não quero esconder que fiquei chocada. E me inclino a perguntar se por acaso a entrada da monografia de Clastres em certas comunidades antropológicas norte-americanas na virada deste século não renovava, ao menos sob a forma de uma farsa, o sentido da afirmação do próprio Clastres sobre ter a civilização europeia encontrado seus Outros absolutos nos povos ameríndios (Clastres, 1995, p. 91). Pois eis o que se declara inequivocamente em uma das resenhas, a propósito de ações guayaki no contexto de suas relações com os mortos: "Repugnante violência retaliatória [dos Guayaki]..." (Dean, 1999, p. 9). Mas não se tratava aí, por certo, de pôr os Guayaki fora da lei, pois, e como diria o outro, a iniciativa dessa história, o seu momento de drama, já havia sido tomada em 1959 por Antonio de Jesus Pereira (Clastres, 1995; Münzel, 1973, 1974), a quem também desagradava a cultura guayaki, especialmente no tocante aos seus modos de relações com os mortos. Decididamente, Clastres motiva uma variedade de paixões, mas o que me choca é que não se tenha sabido ou podido desqualificar, senão condenar, a *Crônica dos índios Guayaki*, sem que sobrasse para os próprios Guayaki. Nem para os Guarani (Geertz, 2000)![3]

3 Clastres esteve entre os Aché na virada de a.B para d.B. Era a ditadura Stroessner, e um antigo raptor de pessoas aché (crianças, especialmente), Antônio de Jesus Pereira, que ganhava seu pão vendendo suas vítimas, tornara-se o seu chefe e o seu senhor, posição que conseguia manter por meio dos mantimentos e outras mercadorias obtidas junto ao governo em nome dos índios. Seu interesse era ampliar o número de seus comandados, para fazer crescer o fluxo de mercadorias que ele assim podia desviar para o comércio. Os Aché Gatu que ele reuniu em 1959 foram convencidos a atrair outro subgrupo que eles não conheciam ou de que tinham um conhecimento muito indireto; das pessoas desse grupo que haviam resistido à admoestação, as últimas 12 se renderam, chegando ao encontro dos outros no mesmo dia da chegada de Clastres, em fevereiro de 1963. Juntos, os Aché somavam naquele momento 100 pessoas, dentre as quais 25 morreram ao longo do ano em que

Com o que precede pretendo chamar a atenção de vocês para a admirável resistência da etnografia clastriana a certos ambientes da máquina acadêmica: sua irredutibilidade à função Autor; sua difícil recuperabilidade pelo aparelho universitário, sua "ilegibilidade" mesmo.[4] Talvez merecesse ser ampliada a caracterização de Clastres, por Prado Jr. (2004, p. 4), como um "herético de primeira hora". O filósofo tinha em mente os vínculos de Clastres com o estruturalismo antropológico, mas acredito que poderíamos afirmar que a antropologia de Clastres é enraizada na recusa do que poderíamos chamar de contrato antropológico moderno, a saber, a falsa sinonímia, a presumida superposição entre Civilização e Cultura. Em minha opinião, Clastres está mais perto de Nietzsche que de

Clastres esteve fazendo campo. Somavam uns 30 em 1968. Os Aché vincularam essas mortes aos espíritos dos mortos — os seus Outros absolutos (Clastres, 1995, p. 218) e, por si só, isto explica razoavelmente a velocidade assumida pela máquina do mundo por ocasião de seu trabalho de campo. Em suma: foi esse o momento da vida aché que Clastres procurou restituir em sua contundência. Achava-se Clastres, como ele se sentia, por vezes, no século XVI? Era, como propôs Ailton Krenak (1999, p. 25) a respeito dos Jaminawa, o ano 1500 dos Aché? Era seu ano 1, como indica a reflexão mais radical, e altamente perspectivista, de Mayrawë Kayabi?

4 Em resposta à resenha de Dean, e que vale para as de Brown e Geertz, Abbink (1999) oferece uma rápida mas muito elucidativa contextualização da obra de Clastres no panorama antropológico dos anos 1960 e 1970, e da Crônica na obra de Clastres. Ver também o emocionante ensaio que Verdier (1987) dedicou a esta obra.

Boas. "Não nos desviemos do antagonismo abissal entre cultura e civilização". "A civilização quer algo diferente do que deseja a cultura: talvez seus fins sejam opostos". Estas duas afirmações de *Vontade de potência* (Nietzsche, s.d, p. 105), independentemente do sentido particular que cada um dos dois termos atualiza nesta obra, são suficientes para esclarecer o sentido de minha caracterização da antropologia clastriana como uma heresia nos domínios regidos pelo contrato antropológico moderno. Há, em seu pensamento, toda a distância do mundo entre a cultura e a civilização, e a cultura é, por definição, primitiva, selvagem, *contra a Civilização*.[5] Qual é, afinal, a ideia dessa distância que se atualiza no ensaio "Do Etnocídio" (Clastres, 2004, pp. 79-92) senão que civilização é cultura com Estado e capitalismo dentro?[6]

A linguagem de Clastres não é do tipo, "as pessoas sobre quem os antropólogos mais escrevem..." (assinada naturalmente por Geertz), decisivamente não é civilizada, policiada, como a de muitos dos seus críticos, e com certeza a *Crônica dos índios Guayaki* nutrirá ainda por alguns anos o que Serres chamou de

---

5 Para uma reflexão sobre os laços entre Clastres e Nietzsche, ver Abensour (2011).
6 Ver Sahlins (1997) para uma análise iluminadora da gênese histórica de cultura e civilização.

"processo da filosofia".[7] Mas isso não tiraria o sono de Clastres, e o que pretendi até agora não foi absolutamente lamentar semelhante recepção de sua monografia, mas usar os meios disponíveis nesta ocasião para frisar que a alteridade, em Clastres, não poderia ser senão radical, irredutível, absoluta — "prodigiosa distância!" (Clastres, 1995, p. 61).[8] E que não estou convencida de que a irredutível alteridade, tal como pensada por Clastres, veio ou venha a ser anulada pelo novo contrato antropológico (a)moderno que Latour (1994) ofereceu à antropologia com sua preciosa crítica dos chamados grandes divisores, baseando-se (entre muitos outros, é claro) no argumento de que a divisão entre Selvagens e Civilizados teria por fundamento a grande divisão entre natureza e cultura.

Gostaria de sugerir que Clastres criou, na *Crônica dos índios Guayaki,* um estilo, um procedimento, que explicaria por que esta obra pode se mostar tão

---

7 Limitemos-nos aqui a ilustrar tal "processo" com este questionamento: "Por que a filosofia, em todo processo que ela abre, toma o lugar do procurador? Do denunciador? Por que e em qual direito? A filosofia que assume os métodos policiais, a ponto de refinar o inspetor Dupin, e que critica para requerer, como um ministério público..." (Serres a Latour, 1993, pp. 213-214).
8 Uma proposição de Lévinas (1988, p. 92; minha tradução) pode servir-nos aqui para delinear melhor o ponto de Clastres e os polos entre os quais se situariam seus leitores: "Não é absolutamente a diferença que faz a alteridade; é a alteridade que faz a diferença".

admirável para algumas pessoas e tão irritante para outras. Justamente a criação de uma defasagem entre o que se trata de fazer ver e o que se trata de analisar. Em Clastres, como bem ressaltou o poeta du Bouchet (2011), a anexação não é forma da relação entre "teoria" e "etnografia". E não é um traço menor do seu gênio criar problematizações originais em um ambiente — o seu próprio texto — em que elas se espremem entre, ou batem nos ombros de, convenções antropológicas.[9] Talvez só uma paixão da escrita etnográfica possa explicar a criação de um estado de desequilíbrio permanente, uma zona de turbulência entre o antropólogo, o filósofo e o cronista. Não tenho competência para perseguir a trajetória do filósofo como desejaria; em todo caso, é indubitável que as relações do cronista com o antropólogo estão longe de se mostrarem pacíficas: se o antropólogo tem pontes a oferecer, o cronista está sempre adiante a cavar a distância.

Na *Crônica*, é patente a sua capacidade de criar conexões entre heterogêneos a fim de fazer acontecer

9 Nem sempre isso se mostra tão explícito como nesta passagem de "O Arco e o Cesto" (Clastres, 2003, p. 142): "O homem é um animal político, a sociedade não equivale à soma de seus indivíduos, e a diferença entre a adição que ela não é e o sistema que a define consiste na troca e na reciprocidade pelas quais os homens se ligam. Seria inútil lembrar essas trivialidades se não quiséssemos frisar que se indica o contrário". A indicação contrária sendo a seguinte: "A vida social não é a vida, e a troca não é a luta" (p. 139).

uma multivocalidade assombrosa, em que convenções antropológicas, figuras filosóficas, convenções aché, palavras de ordem dos discursos coloniais e dos Estados nacionais, do cidadão e da cidadã coexistem ensurdecedoramente, tragicamente. E nesse gesto mesmo, "os selvagens" já se transformaram em uma multiplicidade sem que tivéssemos nos dado conta. Lembremos que Clastres se pensava como um habitante da grande partilha, da prodigiosa distância — categoria de uma antropologia outra que a do "olhar distanciado" de Lévi-Strauss.[10] Pois o que dizer, por exemplo, da prodigiosa distância entre a percepção das mortes provocadas por epidemias de gripe e a percepção da má intenção dos espíritos dos mortos e outras potências cósmicas contra os Aché, as Pessoas? Senão que existiria todo um pendor Henry James em Clastres, que existiria toda uma força Maise na Crônica: dramas dentro de dramas e inumeráveis perspectivas, como afirmou o escritor em algum lugar.

O que pretendo fazer nesta intervenção é, primeiro, restituir o clima do encontro filosófico de Clastres

---

10 Olhar distanciado foi o nome de batismo que Lévi-Strauss deu à coletânea de textos que poderiam ter vindo a compor o seu "Antropologia Estrutural Três". O caráter estratégico dessa distância está vinculado à astronomia como uma metáfora da antropologia do autor: a distância é estratégica para a apreensão das propriedades gerais da vida social.

com um homem guarani como um momento particular da trajetória do conceito de sociedade contra
o Estado e da figura do Um em sua obra. Situar, em
seguida, a problemática do princípio de identidade,
recusado, segundo Clastres, pelo filósofo selvagem, no
seio de uma análise de alguns aspectos do problema
da diferença na etnografia dos Yudjá, povo tupi do Alto
Xingu que venho estudando há bastante tempo e que
me propiciou os meios para participar da elaboração
da teoria etnológica do perspectivismo ameríndio. Minha intenção será criar (ou, ao menos, explicitar) uma
zona de vizinhança com Clastres, vizinhança entre o
perspectivismo indígena e a sociedade contra o Estado,
o pensamento contra o princípio de identidade.[11] Por

11 Alguns colegas já procuraram desenvolver "uma base" para o
perspectivismo indígena. Kelly (2001) buscou estabelecê-lo sobre
a troca; Willerslev (2004) buscou sua gênese na mimésis — para citar apenas duas contribuições importantes. É por si só curioso para
mim que o perspectivismo lhes tenha parecido carente de susten-
tações. Não é o caso aqui de fazer uma reflexão retrospectiva sobre
minha participação na elaboração do conceito de perspectivismo
indígena, o qual se afigurou primeiramente para mim como um
relativismo selvagem (Lima, 1995), no sentido de Clastres, um relativismo não policiado, insubmisso ao Um em que consiste o papel
da Natureza no relativismo antropológico clássico. Subjetivamente,
experimentei meus anos de campo e de elaboração da tese como
um atalho que a Ideia indígena de ponto de vista me propiciava,
permitindo-me certo afastamento em relação ao problema etnoló-
gico da predação sobre o qual se debruçavam então meus colegas
e meu orientador. Mas o senso de que seu solo é a guerra, o canibalismo, a morte, o poder nunca me abandonou.

último, pretendo voltar a Clastres, a fim de oferecer alguma contribuição para os estudos de "cosmopolíticas" ameríndias que Renato Sztutman (2005) teve a feliz ideia de introduzir na pauta de interesses da etnologia indígena contemporânea.

A necessidade de maior elaboração da minha reflexão, nesta última parte, não passará despercebida, mas posso ao menos deixar claro que, partindo de um deslocamento em relação à concepção "merográfica" do objeto antropológico conscientemente sustentada por Clastres, a direção para a qual aponta o meu pensamento é o exame de regimes de diferenças e a relação de conhecimento antropológico que podemos manter com as potências que fazem tais diferenças diferirem. Tenho em mente aquelas potências que os índios afirmam existir mas não entram na pauta da antropologia política, e das quais, como se sabe, incontornavelmente dependemos para a consistência da ideia de cosmopolítica ameríndia. Tudo isso implica também um deslocamento em relação àquelas porções da obra de Clastres que nutrem leituras e interessantes reflexões de filosofia política. Um deslocamento, portanto, com os próprios conceitos clastrianos de poder, para voltar a atenção a conceitos indígenas que Clastres teria situado fora da política.

Gostaria de trazer à memória de vocês uma fala muito singular e que provocou, no sentido forte do termo, o ensaio "Do Um sem o múltiplo" (Clastres, 2003, pp. 185-192; data de 1972-73 a publicação original), talvez o mais carregado de mistérios e beleza dentre todos os que Clastres escreveu. Ela provém de um xamã mbyá (um dos povos Guarani), que Clastres considerava como um profeta, um *karai*. Em junho de 1965, numa noite muito fria em uma aldeia situada no seio da floresta, em território paraguaio, perto do rio Paraná, aconteceu a esse xamã inserir na narração de um mito cosmogônico que fazia a Clastres e aos de sua aldeia uma nota apenas aparentemente singela: "As coisas em sua totalidade são uma", exclamou, "e para nós que não desejamos isso, elas são más".

Após um breve resumo da narração, e antes de nos apresentar esse poderoso aforismo, com a percepção atenta sobre uma oscilação imprevista nas posições enunciativas do relato que o xamã fazia das ações e das palavras de Tupã, o criador da terra atual, a terra imperfeita que os Mbyá afirmam habitar, Clastres, com base nessa percepção fulgurante de um encurtamento assombroso da distância entre o discurso citado, característico da narração mítica (a que com certeza estava muito habituado), e o discurso indireto livre, Clastres, como eu dizia, indaga-eresponde: (Permitam-me segmentar o texto para tornar mais sensível que ele nos convida a uma leitura em três ou mais vozes.)

Quem fala assim em nome do deus?

Que mortal destemido se iguala sem tremer a um dos poderosos do alto? Ele não é doido, entretanto, esse modesto habitante da Terra.

É um desses pequenos seres a quem, desde o início dos tempos, Tupã confiou o cuidado de sua própria própria distração. É um índio Guarani. [...]

Os deuses revelam algumas vezes seus desígnios. E ele, o karai hábil em ouvi-los e dedicado a dizer a verdade, revela-a aos companheiros.

Aquela noite, Tupã o inspirava; sua boca era por isso divina, ele próprio era o deus e narrava a gênese da Terra imperfeita, ywy mba'emegua, a estada maliciosamente atribuída à felicidade dos Guarani.

Ao discurso do deus sucedia a procura do seu sentido, o pensamento de um mortal se exercitava em traduzir-lhe a enganadora evidência.

Os divinos não precisam refletir.

E os Últimos Homens, no que lhes concerne, não se resignam: últimos, sem dúvida, mas sabendo por quê.

E eis que os lábios inspirados do karai dissiparam o enigma

da desgraça, glosa inocente e constatação glacial, cujo brilho nenhum ressentimento vem alterar:

"As coisas em sua totalidade são uma: e para nós que não desejamos isso, elas são más" (Clastres, 2003, pp. 187-188).

O conceito de *sociedade contra o Estado* passou, entre outras coisas, por uma transcriação das reverberações no pensamento de Clastres, provocadas pelas afecções desse evento mítico. O transbordamento do mito permitia-lhe entrever uma meditação filosófica. Como também sugerido em "Profetas na Selva" (Clastres, 2003, pp. 173-184) e em *Le Grand parler* (1974), a linguagem mítica se transformara em prece, a prece se transformava em questionamento endereçado aos deuses, mas também esse questionamento se transformava ele mesmo em conclusão humana, constatação glacial. Conclusão, para Clastres, no mínimo ambivalente. Pois, se assombrosa é a percepção da distância infinita em que os deuses desejam se manter, há também aí, paradoxalmente, um signo estonteante da proximidade igualmente infinita do *karai* e de Tupã, o deus que o inspirava e falava por seus lábios. É luminosa a afirmação de Clastres (2003, p. 188): "Ele falou longamente: a luz das chamas clareava metamorfoses".

Sobre esse pensador, tudo o que sabemos (Clastres, 1974) é que se chamava Soria, um nome parece que paraguaio, pois ele, a um só tempo altivo e engraçado, ao ser indagado sobre o seu nome verdadeiro, disse ao antropólogo que nunca ouvira nada a respeito dessa história de nomes Mbyá! Sigamos Clastres:

> Obscuridade e profundidade: elas certamente não faltam nesse fragmento. O pensamento que aí se enuncia solicita duplamente: por sua dureza, por sua origem. Pois é um pensamento de Selvagem... [mas] sente-se perfeitamente que ele não nos é de todo estranho. Trata-se da genealogia da desgraça (2003, p. 188).

E o que Clastres veio a afirmar na sequência não deixaria de nos deixar atônitos: a estranheza do aforismo logo se transformou em ambivalente familiaridade, pois ele atraiu e enlaçou fragmentos outros na mente de Clastres. Da fala de Soria, sustentou que ela é "de natureza a fazer tremer até a vertigem a mais longínqua aurora do pensamento ocidental" (p. 189). Oferecendo-se assim o seu pensamento como um palco para esse insólito encontro, nele, a fala de Soria tem o poder de fazer vacilarem as longínquas meditações dos pré-socráticos. Encontro insólito, e fulgurante, que dá gênese a um incerto sentido: o sentido da diferença entre a "*nostalgia contemplativa* do Um" atribuída aos présocráticos e a "*insurreição ativa* contra o Império do Um" do pensamento guarani (p. 189; ênfase do autor).

Está assim preparada a trama para um conjunto de hipóteses sobre o pensamento religioso guarani, o qual, por meio de seus sábios, se dobra sobre si mesmo para gestar "preces meditativas", as quais se oferecem ao mesmo tempo como "meditações metafísicas", "pensamento reflexivo", pensamento "no sentido ocidental do termo", dirá o autor mais tarde (Clastres, 1974). Em suma, a hipótese de que os sábios guarani vinham criando na atualidade uma metafísica que germina no solo de uma mitologia mais antiga e cujo objeto é uma genealogia do mal.

Em "Do Um sem o múltiplo", Clastres trata de, primeiro, afastar o mal-entendido a que se resumiria uma interpretação do Um Guarani como Todo — "categoria", frisa, "talvez ausente desse pensamento" (p. 190) — e, depois, examinar o seu sentido etnográfico. A ideia não é a de que as coisas formem um Todo, mas a de que toda coisa é Um. Seu "modo de existência é o transitório, o passageiro, o efêmero". "Chega-se aqui, indiretamente, através de um estranho acionamento do princípio de identidade, ao fundamento do universo religioso guarani. Atirado para o lado do corruptível, o

Um torna-se signo do Finito" (p. 190). Obscuridade e profundidade, diremos nós — mas não reclamemos.

E o movimento de restituição do sentido do aforismo se traça assim: as coisas, sendo mortais, são finitas; são finitas por serem incompletas; são incompletas por sua qualidade de Um:

> A terra imperfeita [...] é o reino do incompleto e o espaço do finito é o campo de aplicação rigorosa do princípio de identidade. Pois dizer que A = A, que isto é isto, e que um homem é um homem é declarar ao mesmo tempo que A não é não-A, que isto não é aquilo e que os homens não são deuses. É descobrir tragicamente que esse poder de designar o mundo e determinar seus seres — isto é isto, e não outra coisa — não é senão irrisão da verdadeira potência, da potência secreta que pode silenciosamente enunciar que isto é isto e ao mesmo tempo aquilo. Descoberta trágica, pois nós não desejamos isso [...] nós que nunca poupamos esforços para alcançar a pátria da verdadeira linguagem, a morada incorruptível dos deuses, a

Terra sem Mal, onde nada do que existe
pode ser dito Um (pp. 190-191).

Não se subordinando ao princípio de identidade, os habitantes da Terra sem Mal não são passíveis de definições unívocas. Entretanto, e como ressalta Clastres, "[o] bem não é o múltiplo, mas o dois, ao mesmo tempo o um e seu outro, o dois que designa verdadeiramente os seres completos" (p. 191).

Clastres retomou esse mesmo problema tanto em sua antologia *Le Grand Parler* como no ensaio "A Sociedade contra o Estado" (Clastres, 2003, pp. 207-234), ambos publicados em 1974. Este último oferece uma transposição da análise da fala de Soria para a conjuntura tupiguarani nos séculos XVI e XVII, envolvendo as relações entre chefes e profetas, entre a política e a contrapolítica, o poder e o contrapoder (ou chefia e profetismo), e sua transliteração para a política selvagem "como recusa radical do Um como essência universal do Estado" (2003 [1974], p. 233).[12] Clastres, como que em chamas, assim se pergunta: "Questão talvez sacrílega: não se poderia submeter à semelhante leitura toda a metafísica do Um? *Em que*

12 Ver também Hélène Clastres (1978). Sztutman (2005) oferece uma discussão aprofundada desse problema nas obras de ambos os autores; para uma síntese, ver Sztutman (2011).

condições é possível pensar o Um como Bem? (Clastres, 2003, p. 233).

Ainda que, salvo engano, não mencione neste ensaio nenhuma palavra sobre La Boétie, é quase impossível aqui não recordar o filósofo crítico da servidão voluntária, sobre quem Clastres publicaria um ensaio dois anos mais tarde (Clastres, 2004, pp. 153-171), encerrando-o justamente com uma evocação ao pensamento guarani. Enigmaticamente (ou ambiguamente, como assinalou Loraux [1987, p. 168]), este pensamento que afirmaria o não-Um — o dois! — é imanente a uma sociedade qualificada por Clastres como una! Não que se trate aqui de pretender de algum modo situar o encontro com Soria antes do encontro com La Boétie, mas chamar a atenção para a imagem do pensamento que a escrita de Clastres projeta: agenciamento coletivo de enunciação, pensamento como discurso indireto livre, devir-Tupã de Soria, devir-índio da filosofia. Relembremos a frase luminosa: "a luz das chamas clareava metamorfoses". Nela se entrevê a divindade intensiva do sábio guarani, o devir-Tupã que arrebatou Clastres, o devir-índio que arrebatou o antropólogo-filósofo francês.

Mas isso não faz dissipar um desconforto: esse nó entre o devir, o princípio de identidade, o Mal e o Estado. Gostaria de propor, especulativamente, que

Clastres, se sutilmente atribuiu a Soria uma inferência do princípio de identidade — mas a sutileza é tanta que não posso afirmar nem negar — ou se inseriu no problema o princípio de identidade, por seu duplo vínculo com o Estado e com a presumida tomada de consciência por Soria de sua impossibilidade de afirmar-se deus, recusou-se, contudo, decisivamente a emprestar-lhe o problema filosófico do um e o múltiplo, de origem grega. Mas, reivindicando a presença do dois, Clastres não podaria, no mesmo lance, no pensamento indígena, o múltiplo? Voltarei a este ponto na terceira parte desta intervenção, pois procurarei mostrar que a recusa selvagem ao Um como essência universal do Estado não é a única coisa que Clastres elucidou sobre a figura do Um na filosofia guarani.

Percebe-se, creio, alguma hesitação entre uma figura do "Um sem o múltiplo", um Um que, portanto, necessariamente seria outro que aquele do presumido par grego, e uma figura em que se desfaz completamente, por absorção do devir, a diferença do Um e do múltiplo. O Um do pensamento guarani não seria o múltiplo? Não seria uma tal indiferenciação que faria fugir o princípio de identidade?

Nicole Louraux, que se propôs a "ler Clastres de um ponto de vista grego" (1987, p. 159), levantou uma série de finas questões sobre o um, o dois, o múltiplo, na obra de Clastres (na qual percebeu certos impasses) e também na Grécia. Foram suas questões e ponderações que aguçaram minha atenção ao reler Clastres e ela mesma — de um ponto de vista amazônico. A indagação inquietante, e tal como argutamente formulada pela historiadora, não é isenta de beleza: "estranho é o dois dos Guarani já que não se o obtém nem por divisão nem por adição, mas pensando a copresença do que a vida terrestre separa... Mas este dois está por vir: o único número pensável não é deste mundo" (Loraux, (1987, p. 166)!

A natureza do problema levantado por Clastres, com certeza, não é numérica. A ontologia que se poderia esperar encontrar em sua obra deveria sua consistência bem mais às forças que aos números.

Clastres não publicou em *Le Grand parler* o conjunto das falas que obteve de Soria ao longo de dez noites de gravação, contentando-se em publicar apenas os temas que considerou comparativamente novos (em relação aos textos publicados por Cadogan e que ele verteu para o francês). Entre eles, o originalíssimo relato do abandono da terra imperfeita pelas divindades conhecidas como os gêmeos Sol e Lua. Soria compõe sua fala com as falas de Sol ao seu irmão, falas que ora parecem descrever panoramicamente a terra imperfeita, ora ordená-la por meio do dizer-lhes o nome ou a condição. Gostaria de citar esses pequenos trechos que deixam transparecer o fino humor de Soria em sua retratação do devir:

[...] Se tudo isso secar, se caírem os galhos, então a partir disso se criará outra vez a terra. E também, por causa das árvores que caem e apodrecem, não choremos, meu caçula!
Vamos prestar atenção ao movimento daqueles que enviamos [as almaspalavras destinadas a nascer entre os humanos], daqueles que moram na terra corrompida. Eles são nossos animais domésticos. Mas nós não temos que sentir o desejo de ser seus mestres/ senhores. Eles terão de criar seus filhos de tal modo que os tenhamos sempre presentes sob os olhos. Nos os faremos outra vez brincar conosco, e sua mãe chorará, e seu pai chorará.
As coisas, meu caçula, vamos pôr em ordem. Essas coisas são quentes, pois estão situadas perto do sol. Aquele que está situado nos arredores do sol é Ñavandu. Ele é aquele que produz a

bruma. É preciso que ele seja ornado de coroas de plumas, que ele seja coberto de bandoleiras de plumas. Ele deverá possuir a flecha também. Tudo isso que ele sempre traz consigo em suas viagens pelos caminhos abandonados da terra. Tudo isso são coisas que não se pode negligenciar. [...] Ele é o enviado do mestre do bastãoinsígnia, aquele que chamamos de Ñavandu. Dos cantos, nós dizemos que são todos bons. Porém o canto de Ñavandu é quente. Por isso, meu caçula, não te apaixones demais por ele. [...] (Clastres, 1974, pp. 127-128, minha tradução).[13]

Olhada-de-onça

Começarei chamando a atenção para a distância entre dois idiomas analíticos relacionados à descrição

13 Clastres suspeita que Ñavandu seja Jaguar: essa potência declaradamente perigosa para os habitantes da terra imperfeita seria uma "conversão" da divindade suprema do panteão Mbyá: Nãmandu. Todas as coisas são uma? Para outros comentários sobre o encontro com Soria, ver Clastres (1974, pp. 11-12; 123-136). A propósito, esse encontro motivou o espetáculo Soria, do grupo paraguaio Hara Teatro-Danza, e eram muito bonitas as suas fotos que circulavam na internet.

dos regimes sociocósmicos da Amazônia indígena, o animismo e o perspectivismo. Esclareço que me situo entre as pessoas que vêm trabalhando com um deles, e que a questão que me interessa versa sobre o que se pode aprender com Clastres a propósito da "oposição" entre, no caso em pauta, natureza e cultura, posta em questão pelos dois idiomas. Não ignoro que eles podem aparentar uma convivência mais ou menos amistosa no mesmo único texto etnográfico; mas isso é mais raro do que em textos em que eles simplesmente não se estranham, por mostrar-se suprimida sua incompatibilidade recíproca. E que talvez seja eu, dentre todos os colegas, a pessoa mais preocupada com essa distância, cuja natureza não é etnográfica, nem tampouco unicamente teórica. Tratar-se-ia antes de uma questão de regime, de práticas de conhecimento antropológico. Estou certa de que eu não ofenderia nenhum dos dois autores que mais contribuíram para a cunhagem desses idiomas, a saber, Viveiros de Castro e Descola, se dissesse que eles se situam, o primeiro, na vizinhança de Clastres, e o segundo, à distância. Minha preferência por falar em "idiomas analíticos" mais que em "teorias" (que é precisamente o que penso que são) se deve ao fato de suas fronteiras serem altamente flexíveis e difíceis de precisar segundo muitos dos meus e das minhas colegas.[14] Esclareço ainda que só posso olhar o animismo de fora e que estou consciente de que a distância entre os dois não é a mesma para um e para o outro. Além disso, o meu propósito aqui me constrange a ser um tanto esquemática e simplificadora.[15]

14 No ponto de partida do idioma perspectivista, achava-se a intuição, por Viveiros de Castro (1986), de que a noção de "oposição complementar" (conceito etnográfico importante que havia sido mobilizado na descrição etnológica da dialética jê-bororo) não permitia fundar satisfatoriamente uma descrição etnológica tupi-guarani. Era necessário diferenciar as diferenciações. E se é verdadeiro que a "oposição hierárquica" dumontiana pôde solucionar algumas das inquietações etnográficas da ocasião, as outras foram solucionadas com o auxílio da dupla afirmação e do devir oferecidos pela filosofia da diferença deleuziana. O animismo foi (re)introduzido em 1992 na etnologia indígena da Amazônia por Descola, que restringia deliberadamente o seu valor heurístico a um empreendimento comparativo de grande escala. Ele havia recusado (deliberadamente, também) o conceito de animismo como ferramenta etnográfica em sua monografia de 1986 e, assim, minha divergência com o autor se anula nos quadros da atividade etnográfica. O ponto em questão diz respeito a retratos de síntese elaborados em trabalhos metaetnógraficos. No que se segue estarei me baseando principalmente em Descola (1998), mas quero ressaltar que em Descola (2005) encontra-se uma linguagem mais refinada, além de uma elaboração aprofundada de sua reflexão.

15 Certamente o animismo não é só uma hipótese etnológica — mas estarei falando apenas desta última. É notável a tendência atual para se redescobrir que nós também, no fundo, ou de vez em quando, somos animistas, mas teríamos sido desviados desse caminho e a ele faríamos bem em retornar. A esta parece-me preferível a hipótese bem mais radical sugerida por Bateson (1972) para o problema da nossa excelente capacidade de comunicação com os mamíferos: temos o mamífero sob a pele.

A caracterização mais geral das cosmopolíticas indígenas efetuada pelo idioma animista tende a se apoiar sobre afirmações tais como: os índios não separam humanos de não humanos; não separam natureza e cultura; conferem intencionalidade aos animais; não diferenciam os humanos e os não humanos; consideram os animais como pessoas morais e sociais autônomas, como sujeitos sociais. Em suma, tais regimes sociocósmicos teriam como sistema de referência global a *humanidade* enquanto condição. Uma tal hipótese retiraria seu fundamento etnográfico principal dos conceitos indígenas que de hábito são traduzidos por *alma*. Minhas inquietações diante desse idioma são multifacetadas. Não soaria um tanto "cristão" fazer da alma um atributo que *humaniza* os animais? um traço de humanidade? Aproximar-nos dos conceitos indígenas por uma via que nos constrange a afirmar que os índios dotam, atribuem ou conferem almas aos demais seres não seria a mesma coisa que dizermos que os biólogos dotam os seres vivos de vida? Se nos sentimos estimulados pelos índios a abalar o grande divisor natureza e cultura, por que recuar diante de corpo e espírito (Lima, 2005)? Durante quanto tempo hão de valer os eufemismos com que nos contentamos em disfarçar o dualismo cartesiano? É realmente necessário converter ao humanismo a invenção, pelos povos caçadores, de conceitos que poderíamos glosar como "pensamento além do homem, da planta e do animal"?

O ponto nevrálgico que percebo no idioma animista está no fato de que toda vez que a diferença entre ameríndios e modernos, o animismo e o naturalismo, projeta imagens de simetria (no sentido matemático do termo), ou produzem efeitos de simetria, deixa-se ver um signo do regime das relações de conhecimento que estabelecemos com as sociedades indígenas. O jogo de simetrias entre o "animismo" e o "naturalismo" que nutre esse idioma não deixaria de evocar uma argumentação de Lévi-Strauss que estudei noutro trabalho (Lima, 2008). Lévi-Strauss trouxe à luz o seguinte fenômeno: a imagem de um dualismo diametral usada na descrição das e/ou pelas sociedades Jê-Bororo ocultava o seu dualismo concêntrico, o seu triadismo, o seu caráter assimétrico. Minha hesitação em relação ao idioma animista deriva, igualmente, da forte impressão de que ele nos convida a um impasse: no mesmo lance em que afirmamos que essas sociedades não opõem natureza e cultura, não separam nem diferenciam os humanos e os outros animais, somos paradoxalmente obrigados a mobilizar a mesma oposição na pintura de um retrato seu.

Minha hesitação é também que o idioma animista perderia o sentido do bom senso indígena, sendo obrigado a situá-lo "fora" ou "antes" do pensamento indígena. Talvez sobre o sentido do bom senso indígena fosse permitido suspeitar que sua particularidade mais notável seria a de ser algo o menos bem partilhado do mundo. Bom senso de índio é assim; poucos índios teriam, e brancos, nenhum — aliás, como já foi dito praticamente com todas as letras por Davi Kopenawa Yanomami, em um estudo admirável de Bruce Albert (2000).

Uma das razões mais importantes pelas quais "perspectivismo" convém para batizar regimes de diferenças nas cosmopolíticas indígenas da Amazônia é menos o fato empírico da afirmação de existência de perspectivas animais pelos humanos do que o fato de sua descrição etnográfica permitir (e exigir, creio) uma ferramenta conceitual outra que aquelas que põem a diferença a serviço da identidade e do todo — categoria talvez ausente de seu pensamento, como Clastres indicou. Ou seja, o entendimento da diferença como uma questão de contexto tem por pressuposto a ideia de que a diferença deve (obrigatoriamente, se preciso for) conduzir a uma identidade (unidade, totalidade) de ordem superior. Estou portanto afirmando que as diferenças entre os humanos e os animais, entre os povos amazônicos, não são propriamente diferenças contextuais, não são diferenças de grau. Essas diferenças são perspectivas. E com isso quero asseverar que são radicais, irredutíveis, prodigiosas, nos termos de Clastres, termos que apontam não para a incomunicabilidade entre as posições de alteridade em jogo, mas sim para a consistência e a condição mesma de sua comunicação: multivocalidade.[16] E a aposta, aqui, ainda é a de Clastres (2003, p. 38): "alguma coisa existe na ausência" da oposição entre natureza e cultura.

Em uma tarde de agosto de 1989, uma olhada-de--onça implicou para um homem yudjá um longo período de sofrimentos e suspeitas de que havia chegado sua hora de morrer. Uma onça aparecera na aldeia durante o dia, e Mareaji, retornando de uma caçada coletiva, foi com alguns companheiros procurá-la. Em um caminho de roça estava a onça, sossegada, fitando Mareaji com a espingarda em punho, contra ela dirigida. Matá-la para quê, se não se mostrava agressiva? Mareaji desistiu de atirar. Não posso narrar aqui os desdobramentos desse encontro, que reverberou em sua mente e em seu corpo por alguns anos (Lima, 1995). Limito-me a destacar três elementos. Tendo golfado sangue naquela noite, Mareaji inferiu que a onça jogara-lhe sua própria

16 Ver Viveiros de Castro (2004) para a ideia de equivocação e uma notável reflexão sobre as relações de conhecimento antropológico (um tema que também recebe um tratamento crucial em Viveiros de Castro, 2002, 2008).

doença (a da onça). Em fevereiro do ano seguinte, no Rio de Janeiro, uma médica lhe disse, ao apertar-lhe as pontas dos dedos, que estava cheio de sangue, querendo dizer-lhe que não estava anêmico (sobre o que lhe falei inutilmente, nos dias seguintes, a fim de confortá-lo). Mareaji não deixava de suspeitar que esse sangue excedente podia ser o da onça. Ele pôde, no mês de maio, ao finalmente retornar para sua aldeia, escarificar-se, a fim de derramar fora o sangue. Bem, em lugar de compreender o resultado desse encontro maldito, dessa olhada desastrosa, como um signo da ausência de oposição gente e onça, poderíamos compreendê-lo como um encurtamento assombroso da distância entre um homem e uma onça, uma "fraternidade subterrânea" (Clastres, 1995, p. 208), que poderia culminar não em "identificação" com a onça, mas em morte: uma alteração letal em Mareaji.

Nas ocasiões em que morei com os Yudjá, quando se falava que os Yudjá antigos faziam uma trombeta com o crânio de vítimas de guerra, disseram-me algumas vezes que se podia fazer trombeta com crânio de onça também. E aí, podia-se acrescentar o seguinte: "Cabeça de onça é igual cabeça de *abi*" — os *abi* são os outros povos indígenas, não falantes da língua yudjá. Uma primeira questão é: qual o estatuto deste enunciado? Teria ele o estatuto de uma premissa que me permitiria em seguida prosseguir com um raciocínio silogístico? Ou seja: pode-se extrair desse "é igual" o pressuposto de que *abi* e onça são *identificados* pelos Yudjá? Estendendo-se o raciocínio, se afirmará que se *abi* é *dubia*, gente, e onça é *abi*, então onça é *dubia*? Ou devemos, mais simplesmente, tomar o enunciado como uma pura e simples inferência yudjá baseada no fato de que matar onça motivava uma variação do rito de celebração da guerra?[17]

Na verdade, contra a conjetura de que a operação em jogo seria a *classificação* ou a *identificação*, conspira o fato de que se onça é igual a abi, já não se poderia dizer que *abi* seja igual à onça. Entre as ideias que os Yudjá professam a respeito dos sonhos, a onça se destaca como tendo um poder de virar *abi*. O que se acompanha também de um poder do próprio sonho de ganhar uma expressão concreta na vida desperta do sonhador: sobrevém uma onça em seu caminho. Além disso, cabeça de Yudjá não é absolutamente parecida com cabeça de *abi*, nem com a de onça. Não me parece, pois, haver dúvidas que o enunciado "cabeça de onça é igual à cabeça de *abi*" aponta para uma similaridade nas distâncias relativas que onça e *abi* têm para com

---

17 Devo a Bateson (1996) a atenção para com a leitura classificatório-identificatória do silogismo Bárbara a que tendemos a reduzir as proposições alheias.

os Yudjá. Pois a razão pela qual a cabeça yudjá difere das outras é que o homem yudjá que porventura dela fizesse uso em uma trombeta se condenaria a perder sua própria humanidade: ele viraria um espírito selvagem, isto seria uma alteração letal para ele. Sendo o uso de uma cabeça de branco igualmente impróprio, os Yudjá afirmavam-me que nossa cabeça era igual à sua. Ou seja, a identidade conjectural entre onça e *abi* se desfaz em benefício de uma similaridade entre duas relações diferenciais.

É, porém, verdadeiro que a onça, à diferença de todos os demais animais, tem, segundo me enfatizavam os Yudjá, "(uma) alma igual à alma da gente". As onças são, além disso, xamãs, ou têm potência xamânica. Segundo descrições que me faziam de um festival xamânico dos espíritos dos mortos que habitam o interior dos grandes rochedos do rio Xingu, espíritos de onças que vivem com os mortos dançavam e cantavam entre os Yudjá vivos; também podiam comparecer a esses festivais espíritos de onças da floresta, por serem as onças xamãs. Dos xamãs que os celebravam, pelo fato de dançarem com espíritos de onça, os Yudjá me diziam que, após a sua morte, eles tinham o poder de "virar igual onça". E o fazem a fim de andar pela floresta. Parece-me, pois, que por esta via também podemos inferir que o pensamento yudjá afirma uma similaridade entre as distâncias relativas dos Yudjá para com os mortos dos rochedos e as onças da floresta.

Está claro, creio, que me afasto do idioma analítico do animismo, recusando a sua hipótese classificatório-identificatória, usando, até agora, uma ferramenta analítica tomada de Lévi-Strauss (1962, p. 99, *passim*): a ideia de "distâncias diferenciais" (*écarts différentiels*). Ainda que não se pretenda abraçar aqui a estratégia de sobrecodificar as distâncias diferenciais com as categorias formais Natureza e Cultura tão característica de Lévi-Strauss, parece-me fora de questão que essas categorias formais não são postas a serviço de um regime de grandes divisores — o próprio conceito de *pensamento selvagem* é eloquente quanto a isso — nem manifesta qualquer dualismo ontológico. Desatrelada da estratégia sobrecodificadora, a ferramenta de Lévi-Strauss permite-nos ver uma miríade de distâncias (o que aqui pude apenas ilustrar por meio da onça): as disjunções são afirmadas como tais; e as conjunções são um meio privilegiado para afirmar outras disjunções — como mostrado na célebre análise do arco e do cesto por Clastres (2003, pp. 117-145).[18] Vou agora

18 Pode-se objetar ao meu argumento o fato de Lévi-Strauss ser um teórico da classificação. Não posso aqui desenvolver, contudo, esta sugestão: a destreza dialética de Lévi-Strauss passa justamente por afastar dos sistemas de classificações que estudou o conceito de classe, a fim de articulá-los a um conceito de significação.

abordar o problema de um outro ângulo etnográfico e conceitual.

Em contextos de conversa muito variados, os Yudjá me diziam (podendo citar diferentes animais) que a onça é *dubia*, gente, para si mesma. Qual é o peso, o valor deste enunciado? Poderíamos anular a informação "para si mesma", e inferir que onça é gente, segundo os Yudjá? Assim, mais uma vez, elevaríamos uma inferência unicamente nossa ao estatuto de premissa do pensamento indígena. Isto nos serviria depois de passaporte para o silogismo. Mas nisto haveria também um segundo gesto de destruição. Pois, quebrando a unidade do enunciado, a fim de nele introduzir um passo lógico que ele não tem — do tipo: a onça é gente, logo ela não se toma como onça — dissociaríamos drasticamente o enunciado do seu sentido, a saber: a onça (só) é onça para a gente. Afirmando que é este o sentido, estou levando em conta também a interação comigo, e minha observação da interação das pessoas umas com as outras: isto também me diz o que devo entender.

Tais assuntos importam aos Yudjá como lições de bom senso, não como lições de cultura yudjá. Bem ao contrário, tudo sugere que os Yudjá dão à perspectiva um uso distinto daquele que caracteriza a linguagem convencional das ciências sociais, em que as perspectivas se revelam à medida das diferenças entre as representações. O que é "desnaturalizar representações" senão distinguir perspectivas? O que é distinguir perspectivas senão separá-las de uma natureza imaginada como una e separada? Fazer trabalho de campo entre os Yudjá passaria antes por um apelo para "desrepresentar a natureza". A propósito, Marilyn Strathern (1999), em uma discussão das diferenças entre o que ela chama de teorias da perspectiva, ressalta um aspecto notavelmente característico da teoria mobilizada pelas práticas de conhecimento euroamericanas contemporâneas: são práticas que "incorporam" a perspectiva alheia, anulando-a como tal, reduzindo-a a uma representação. Quer dizer, opera-se uma incorporação no sentido forte do termo: uma anexação — o que não seria desprovido de paralelos com as próprias formas de incorporação da natureza (ver também Strathern, 1980) — que é ao mesmo tempo exclusão dos conceitos indígenas como não tendo "valor científico".

O que afirmo é, em resumo, que os Yudjá efetuam um tratamento da distância gente-e-jaguar como um fenômeno perspectivo. Comecemos agora a preparar nossa reaproximação de Clastres.

Uma tradução mais abstrata das relações diferenciais implicadas pelo idioma do perspectivismo indígena pode ser a seguinte. Um ser aparece para si mesmo de modo distinto do que ele aparece para outrem, isto é, a relação a si difere da relação a outrem — "pronomes cosmológicos", como propôs Viveiros de Castro (1996). A relação diferencial que ligae-separa o ser humano e a onça também liga-e-separa a onça de si mesma e o ser humano de si mesmo. Em outras palavras, a distância genteonça separa ao meio as onças e os seres humanos, cada um por sua vez; ela passa pelo meio de cada um desses seres.[19]

Estamos próximos aqui, sem dúvida, do dois — a dupla afirmação — de Clastres. Longe de mim a intenção de transformá-lo em um dualismo ontológico. E tentarei mostrar como a descrição da estética do perspectivismo envolve pelo menos três termos, mas deixarei o terreno da etnografia yudjá, uma vez que gostaria de explicitar um aspecto que ela não facilitaria.[20] Para introduzir a especificidade desse triadismo, consideremos essa frase de *Ave, Palavra* (Rosa, 1978):

19 É do mesmo modo que a disjunção que liga os Yudjá vivos e os Yudjá mortos separa uma pessoa viva de si mesma (o seu eu onírico, ou a sua alma) e uma pessoa morta de si mesma (o seu corpo onírico) (Lima, 2005).
20 O sistema Yudjá faz, de homens e mulheres yudjá e do cauim produzido por mulheres yudjá, termos invariantes de todas as perspectivas. A razão de isto dificultar a exposição que quero fazer logo ficará clara. Aproveito para agradecer vivamente, aqui, ao meu colega Jayme Aranha (comunicação pessoal) esta sugestiva observação: o que em outros sistemas indígenas se mostra como uma

O macaco está para o homem como o homem está para x.

Cega para a destreza dialética de Rosa, troquei certa madrugada x por Espírito, sem dúvida imaginando algo provavelmente como uma escala do ser. Do macaco a Deus, passando pelo homem, obtém-se uma ordenação hierárquica orientada de um mínimo a um máximo de espírito, por meio da distribuição desigual de um valor. Mas quase instantaneamente não ficou menos evidente que a leitura cristã não era a única permitida. Os Yawalapíti, por exemplo, que dizem que gente é macaco de onça, poderiam ser tentados a trocar x por onça. Como deveríamos distinguir essas permutações senão por seu regime de diferenças, por sua política da diferença? A onça é indiferente à diferença entre o macaco e o homem: somos macacos como os demais macacos. O macaco, por sua vez, é indiferente à diferença entre a gente e a onça: somos onças como as demais onças.[21] Não é preciso dizer que os homens e

capacidade de xamãs humanos, isto é, ver os animais do ponto de vista dos próprios animais, se mostra no sistema yudjá como uma capacidade xamânica dos próprios animais: ver os humanos tal como estes se veem.
21 Isto é simplesmente uma especulação. Eu poderia aqui ter tomado da descrição do perspectivismo por Viveiros de Castro (1996) a permutação Campa que seu estudo tornou célebre: o queixada está para o homem como o homem está para a onça. Mas o macaco da

as mulheres yawalapíti mantêm a guarda sobre sua diferença com o macaco e com a onça. Em contrapartida, seria mais do que impróprio, até ridículo, dizer-se que o homem é o macaco de Deus. Como emprestaríamos a Deus uma ótica em que se dissipasse a distinção entre o macaco e o homem se é ele o criador dessa diferença?

Este ponto nos deixa com uma questão adicional: existe uma analogia aparente entre a tríade ameríndia e a tríade cristã pois, por mais de um caminho, a nossa tradição também situa a humanidade no meio. É, com efeito, justo uma posição do meio que se acha no coração do perspectivismo — um entre-dois.[22] Esse jogo de diferenças que se dissipam para uns e se afirmam por outros permite-nos perceber, sem dúvida, um vínculo entre o princípio de Identidade e o princípio hierárquico. Recusaria o pensamento indígena ambos em um só e mesmo lance? Diferentemente da tríade hierárquica cristã, totalizadora, garantia da identidade humana e de sua precedência opositiva sobre os outros animais, na tríade ameríndia a posição do meio perten-

série de Rosa me exige passar por outro trabalho, não publicado, do mesmo autor sobre os Yawalapíti (sua dissertação de mestrado). 22 Já uma permutação totêmica do x de Rosa requereria que passássemos do artigo definido para o indefinido: o macaco está para um homem assim como um outro homem está para x. No regime de diferenças totêmico talvez não sejam os humanos os ocupantes da posição do meio (ver Lévi-Strauss, 1962).

ce a todo aquele que a ocupa, enquanto a ocupa; ela é por isso aberta. O ponto de vista não é propriedade de x. Não creio, porém, que pudéssemos caracterizar os regimes indígenas como igualitários. Restituamos, portanto, à frase de Rosa o seu x, que sempre esteve lá para assinalar, ao modo de um "índice", a assimetria irredutível à forma-Estado do Um (à Identidade, ao Todo). Ele serve para representar graficamente não só a especificidade do ponto de vista contra a hierarquia como a dimensionalidade fractal do perspectivismo indígena. É desnecessário oferecer aqui uma transcrição pagã da tríade cristã. Leiamos, porém, esse comentário de Hercule Piston-Palawadya (homem de um povo tupi-guarani da Guiana Francesa):

Os rios são as sucuris das sucuris.
As sucuris são as sucuris dos humanos.
Os seres humanos são as sucuris das araras...

Mas eis que uma certa nota do humor crítico de Clastres aplica-se tão certeiramente à minha exposição...

A América indígena não cessa de desconsertar aqueles que tentam decifrar sua grande face. Vê-la colocar por vezes

a sua verdade em locais imprevistos nos
obriga a reexaminar a imagem pacífica
que dela temos, e sua esperteza talvez
consista justamente em se conformar a
ela (Clastres, 2003, p. 175; ênfase minha).

MULTIPLICIDADES SELVAGENS

No livro *100 mots pour commencer à penser les sciences* (Stengers & Bensaude-Vincent, 2003), pode-se ler um verbete particularmente marcante: Invenção, cujo assunto é o conceito de natureza. Depois de assinalarem que "os chineses não tinham uma palavra para o que chamamos 'natureza'", as autoras indagam, "para que designar com uma mesma palavra um conjunto heteróclito, que compreende pedras, estações, polvos, montanhas, gatos, tremores de terra?". Problema que pede para ser formulado por um outro viés, para assim tornar-se mais importante e passível de uma resposta. Qual é a diferença explícita da invenção do conceito de natureza? Qual é a diferença que a invenção do conceito de natureza explicita? Uma diferença de regime, justamente. Trata-se de uma invenção que duplicou as tensões existentes entre os saberes (do contrário, o conceito nem teria "colado", ressaltam as autoras). Que incrementou essas tensões ao mesmo tempo em que não parou de mobilizá-las, em práticas de exclusão. Sua diferença, assim, foi a constituição de uma linha divisória que se manteve triunfante mesmo depois de ter sido esquecido o acontecimento que a originou! Finalmente, pegando o problema sob o ângulo da invenção das ciências modernas, as autoras assim definem a "singularidade temível" desse acontecimento: mobilizar um ceticismo que autoriza a pôr "no mesmo saco" tudo o que não é "enunciado científico"; isto é, tudo o que não é dessa espécie de enunciados em favor dos quais se dispõe de um poder de fazêlos passar como não tendo um autor. Um poder de criar transparência recíproca entre fato e razão.

Refraseemos a pergunta das autoras para a região da invenção de Pierre Clastres. A diferença que o conceito de sociedade contra o Estado explicitou não foi justamente que "alguma coisa existe na ausência"? Não foi a reconfiguração da oposição *empírica* entre sociedades com e sem Estado em uma diferença de *outra* natureza? A transformação da natureza da diferença Selvagens e Civilizados, posta pelo Ocidente (de Clastres) como diferença de grau, em diferença de natureza? Sociedade contra o Estado, pensamento contra o princípio de Identidade.

Versa sobre o regime da diferença econômico-sexual entre os Aché (Guayaki) o primeiro ensaio etnográfico de Clastres sobre esse povo de caçadores. "O Arco e o cesto" oferece uma interessante experimentação com a relação de oposição. Esse modo da diferença, tido como nobre pelo pensamento estruturalista (e sobre o qual é preciso lembrar que a face de complementaridade da oposição tem menor importância que a sua face de determinação recíproca[23]), é levado a um limite onde se corre o risco de dissolvê-lo no princípio de identidade[24] ao trazer para a análise dois casos que aparentemente fugiriam à organização da economia aché (escândalo lógico, fator de desordem — como ele os caracterizou). Reporto-me às vidas de Krembegi e de Chachubutawachugi: dois homens cuja condição de não caçadores tornava-os anômalos. Neste ensaio, uma análise troquista das relações econômico-sexuais desarmou o principal conceito de poder desses caçadores, o pane, a potência que impõe o azar na caça. Clastres dissolveu-o em um tabu do incesto metafórico,

23 Poderíamos compreender esta precedência da determinação recíproca como um signo da novidade do estruturalismo ou, mais precisamente, do conceito estruturalista de estrutura em relação a teorias da totalidade, que põem a oposição, entendida como complementaridade, a serviço da totalidade. O preço disso sendo — mas não seria justo esta a intenção? — a dissolução da diferença na identidade.
24 Isso não escapou à admirável e arguta leitura de Clastres por Loraux (1987).

cuja faceta positiva gerou um retrato hipertroquista (a palavra é dele) da sociedade aché.

Na *Crônica dos Indios Guayaki* tudo pareceria permanecer igual, mas tudo mudou. "Homem = caçador = arco; mulher = cesta = coleta. Terceiro termo, não há" (Clastres, 1995, p. 212). Nós nos enganaríamos, contudo, deixando de perceber que a análise não tem, nesta monografia, seu ponto final na conclusão de que Krembegi era mulher. Efetivamente, Clastres faz ver Krembegi como uma mulher entre as mulheres. Mas também que diferia das outras em aspectos que dele faziam uma singularidade: sua alma virou um certo pássaro (destino póstumo dos homossexuais), não participava do canto que singulariza as mulheres, sua sexualidade não tinha curso no âmbito das relações afins, já que Krembegi não podia ser parceiro sexual de seus cunhados, mas apenas de seus próprios irmãos. Krembegi era o anômalo: nem homem nem mulher, ele era *pane* — quase uma mulher entre as outras mulheres. Podia atuar como fêmea para seus irmãos, não podia ser metaforicamente igualado a suas irmãs. Krembegi havia renunciado ao que era incapaz de ser, e feito sua vida como mais uma entre as mulheres. "Ninguém no acampamento presta-lhe muita atenção, ele é como todo mundo" (Clastres, 1995, p. 211).

Com Chachubutawachugi, tudo era diferente: ele fincava pé em permanecer homem quando era *pane*. Ele fez da caça e, portanto, do *pane*, o seu ponto de subjetivação. Infeliz, desprezado, alvo de escárnio, dândi de mau gosto, presente em toda parte e em parte alguma, invisível. "Tropeço imóvel em que não se pode sonhar em voltar sobre seus passos, em que se teme ir avante" (Clastres, 1995, p. 213).

Na *Crônica*, assim, o sombrio *pane* ganha outra presença; reconquista sua potência contra a Lei, a troca, a lei de troca. E Clastres faz-nos ver todo o cuidado e o empenho dos Aché, homens como mulheres, em guardar a distância dos sexos, em proteger os caçadores disso que introduz uma disparidade entre a relação a si e a relação a outrem. "[O] *pane*, em definitivo, não é o estabelecimento de um corte entre o homem e seu arco que se lhe torna assim exterior, como se este se insurgisse contra seu senhor?" (Clastres, 1995, p. 208). O pane, que assim afasta o homem e o arco, o homem e a caça, também afasta o homem de si mesmo, e impõe, no ato mesmo em que a encarna, a distância entre homem e mulher.

À sua revelia, as mulheres têm parte com o *pane*. "[T]al é a potência das mulheres, que ela é maléfica aos homens. Para ser caçador, isto é, homem, é preciso constantemente ter cuidado com as mulheres, mesmo quando elas não estão menstruadas. Não se pode ser homem, dir-se-ia, senão contra as mulheres" (Clastres,

1995, p. 209). Poderíamos dizer que Krembegi e Chachubutawachugi personificavam, enquanto vítimas do *pane*, a própria distância entre as mulheres e os homens.

Se, então, também na *Crônica* encontramos um regime de oposições ou disjunções exclusivas ("se é um ou outro, homem ou mulher, arco ou cesta: nada entre os dois, como terceira possibilidade" (p. 210), também descobrimos que esse regime garante um equilíbrio unicamente instável: ele é experimentado pelos Aché como tal, pois existe o *pane* — essa potência sombria, esse sexo-zero. E tal regime coexiste assim com uma zona de turbulência produzida pelo *pane*. "Esse gênero de má sorte sobrevém não se sabe bem por quê" (Clastres, 1995, p. 207). "*O Objeto = x constitui o diferenciador da própria diferença*" — afirma Deleuze (2006, p. 239; ênfase minha) sobre essas potências tão importantes na ontologia simbólica do estruturalismo, o qual demonstra ter sabido retirá-las do imaginário mas não manifesta (salvo engano) muita habilidade para lidar com elas sem desarmar sua natureza ou sua qualidade política.[25] Nas mãos de Clastres, com efeito, o método

25 "E mesmo Lévi-Strauss, que em certos aspectos é o mais positivista dos estruturalistas, o menos romântico, o menos inclinado a acolher um elemento fugidio, reconhecia no 'mana' ou seus equivalentes a existência de um 'significante flutuante', de um valor

estrutural revela uma face mais negra: seu pacto com o princípio de identidade, o pacto da troca com o contrato social, o pacto que a projeção dos conceitos indígenas no inconsciente tem com uma forma-Estado de pensamento, essas coisas que Lévi-Strauss em sua maestria soube controlar, e que implica relações com o pensamento indígena que desarmam seus conceitos de poder. Relações que não mais desejaríamos ter. (A esperança é a última que morre!)

A onça, que quase não é uma onça, mas um parente morto — "que valem as aparências?" (Clastres, 1995, p. 79) — é uma dessas figuras entre os Aché. Ao contrário do que sucede a homens e mulheres, que manifestam um desejo recíproco de guardar a distância que o *pane* ameaça desfazer, os vivos e os mortos têm desejos divergentes. Eu não poderia oferecer aqui uma síntese da rica e complexa análise de Clastres sobre a distância com os mortos, mas cabe ao jaguar atuar como o diferenciador da diferença no que toca à distância entre os Aché, as Pessoas, e o aspecto celeste em que elas se decompõem após a morte. Vamos continuar seguindo o *pane*, cuja linha também passa pela onça.

simbólico zero circulando na estrutura. [...] [O] não sentido não é a ausência de significação, mas ao contrário, o excesso de sentido, ou aquilo que proporciona sentido ao significado e ao significante" (Deleuze, 2006, pp. 240-241).

Clastres escreveu páginas muito profundas sobre a parte que o sangue das mulheres[26] tem com o *pane*. A menarca, o aborto e mais ainda o parto provocam nos homens (no pai da criança ainda mais) uma condição dita *bayja*, na qual e pela qual deles emana uma potência que "nossas palavras são quase inaptas para dizer (1995, p. 21)". Eles se tornam um centro que atrai ou para o qual convergem os animais e o jaguar, mais precisamente, os jaguares — "os primeiros a descobrir a presença no mato de um homem em estado de *bayja*" (p. 22). E se os animais quase se precipitam à frente de um homem, de sua parte os jaguares mantêmse ocultos ao seu olhar, na espreita, "mil olhares... espiando nas brenhas obscuras..." (p. 22). Esse encadeamento dramático, que situa o homem no meio do animal e do jaguar, Clastres o descreveu como um sombrio encurtamento da distância entre caçador e caça, "o homem é a um só tempo caçador e caça... o animal que o jaguar vai tentar fazer em pedaços..." (p. 22), como um momento de "vacilo ontológico" entre o estatuto de homem e o de animal. Tudo isso é mais grave para o pai de um bebê. Uma olhada sequer sobre a mãe do

26 Para uma importante discussão sobre a centralidade da problemática do sangue e do gênero na Amazônia indígena, ver Belaunde, 2005.

bebê o condenaria irremediavelmente a virar o animal do jaguar. E sua única chance de impor a distância entre o homem que deseja seguir sendo e o animal que pretende seguir caçando é a de afirmar sua humanidade — sua hominidade (para não dizer homice) — matando um animal logo após o nascimento de seu filho sob o olhar do jaguar, sob seus mil olhares.

Com a menina, na menarca, também tudo pode ser dito mais grave. Seu estatuto ontológico não se mostra menos vacilante: ela se encontra destituída de sua "natureza" — sua calma. Fonte que irradia o *bayja*, especialmente sobre seus amantes e marido (caso já o tenha), a menina precisa ocultar-se, fazer-se invísivel para impedir-se de ver os homens.

Não devem eles correr o risco de ficar sob o olhar da menina, pois ela se acha desastrosa.[27] Os Aché anulam a potência do *bayja* por meio do timbó, cuja seiva é utilizada em um banho ritual. "Se eles não se submeterem à purificação, cairão sob as garras dos jaguares que seu estado de bayja atrai como um ímã... (p. 114)". E, ainda que um homem *bayja* não virasse um animal estraçalhado pelo jaguar, ele viraria *pane*.

27 A propósito, a etnografia de Clastres é eloquente para uma avaliação da crítica feita à teoria etnológica do perspectivismo, bem como das tentativas de correção das suas distorções (Santos-Granero, 2006), quanto a sua pretensa inclinação etnocêntrica ao chamado visualismo ocidental.

Se, portanto, o *pane* é o fator da distância entre os sexos e o *bayja*, o fator da distância entre o homem e o animal, é também a parte do *bayja* com o *pane* que interessa aos Aché.

Versa assim uma canção de Chachubutawachugi registrada por Münzel na década seguinte ao campo de Clastres, traduzida por Meliá, e que parece ser uma recriação imaginativa da sua desgraça e rancor (cito apenas a quarta e a vigésima estrofes):

Yo toqué en otro tiempo/ el flujo fuerte de sangre/ de mi ahijada niñã mujer/ con quien no debo juntarme./ Pero mi corpo ya no tiene aguante.
Vosotras, nossas sobrinas,/ vuestro generoso sexo/ hizo llegar los jaguares,/ estabeis fuera de nuestra posesión,/ oh qué lejano todo esso! (Münzel, 1980, p. 202).

Não posso aqui abranger nesta discussão o conceito do *jepy*, que traduz a ação basilar do mundo habitado pelos Aché, e envolve a ideia de que todo acontecimento implica uma contraparte, um contrapeso, compensação, isto é, vingança. Respondendo pela engrenagem da vida aché na vida dos outros seres do cosmos, o *jepy* é também o fio principal da trama etnográfica de Pierre Clastres. Nas sínteses que pretendem exprimir o que lhe pareceu característico no mundo habitado pelos Aché — e que deveríamos ler como sínteses da cosmopolítica aché — Clastres faz passar a figura do Um — o aforismo de Soria, inclusive. A dissociação desta figura com o princípio de identidade, signo do Estado, não poderia ser mais resoluta.

> É preciso astúcia com os animais, é preciso fingir que se fala com algum outro [que não a caça morta], e, enganando assim a caça, abole-se a agressão dos homens, suprime-se o ato mortal... [É preciso] respeitar o mundo que é um para conservá-lo generoso (1995, p. 101).
>
> [T]odas as coisas são uma, a mesma ordem rege a vida do mundo e a vida da comunidade das pessoas (p. 107).
>
> Eis o fundamento de todo o saber dos Aché e a razão de sua submissão a esse saber: ele repousa sobre essa verdade, a de que uma fraternidade subterrânea alia o mundo dos homens e o que acontece com uns não fica sem eco no outro. Uma mesma ordem os rege, não se deve transgredi-la (p. 208).

Clastres descreve, pois, como *um* o mundo dos Aché. Contra a fraternidade subterrânea da mulher com o jaguar, do jaguar com as *ove* celestes, dos animais com o jaguar, do jaguar com os meninos em processo ritual de virar caçadores, do mestre cerimonial cujo devir-jaguar salva os meninos e desarma a pancadaria que os homens então destituídos de sua "natureza" armam contra as mulheres, contra tudo isso, os Aché se empenhavam na imposição de uma ordem feita de distâncias, necessariamente provisória e instável, por meios cuja invenção eles não reivindicavam, mas enfrentavam como sua a responsabilidade de sua implementação contra o caos emergente — um avesso que é um.

Parece-me que Clastres não deixou de se sentir perturbado com o poder dos Aché de conjurar a desordem por meio de ações humanas aparentemente tão mínimas como fazer uso da seiva do timbó, lançar no fogo uma porção de cera de abelha, apagar um tição na água do banho, não tocar o arco quando se é mulher, não comer a caça quando se é o seu próprio caçador etc., e a *Crônica* talvez não esteja isenta dessa espécie de signo de impotência do pensamento em que consiste a ternura, uma impotência sobre a qual, contudo, o leitor ou a leitora jamais poderia assegurar-se de que sua fonte não está nele ou nela própria. Mas certamente é à linha de Nietzsche, não à linha da agência que pretensamente Clastres teria recusado aos Aché (Brown, 2000), que deveríamos associar a inocência aché.

É hora de lembrar que articulei o que vim trazer para este Colóquio a um conjunto de questões provocadas pelo encontro de Clastres e Soria. Acredito poder agora ao menos formular melhor que questões são essas. Ao depreender "o Um e o dois" como figuras conceituais do pensamento indígena, figuras que à primeira vista seriam homólogas ao "um e o múltiplo" da metafísica ocidental, o que estaria sucedendo ao múltiplo? Estaria sendo lançado para fora do pensamento indígena? Ou, muito pelo contrário, estaria sendo completamente dissipada a distinção entre o um e o múltiplo? A intuição de Clastres não seria exatamente que o Um de Soria é o múltiplo? Em segundo lugar, que é do dois? Implicaria o dois uma relação de oposição? Ou, longe disso, uma dupla afirmação? Finalmente, o que pensar quanto à relação entre as figuras do dois e do um = múltiplo? Não tive como abranger aqui esta última questão, especialmente porque Clastres a associou à genealogia da desgraça e às figuras do bem e do mal. E isto exigiria que eu traçasse outras linhas de transversalidade que as que nos trouxeram até aqui.

O espaço aqui não permite que eu abra *Le Grand parler* — esta obra tão eloquente sobre a dedicação que Clastres investiu no pensamento indígena. Em suas cotraduções (com Cadogan) da metamitologia dos sábios mbyá, bem como em suas pequenas mas potentes transcriações das traduções de Cadogan para o francês,[28] há lugar para esta interessante série de figuras: o Um, a completude finalizada, a completude dessemelhante, o desprovido de semelhança. Limito-me a sugerir que o convite de Clastres é que entendamos a divindade maior do panteão Mbya, Ñamandu, como um = multiplicidade: divindade, em cujo desdobrar, desdobra-se a si mesma, e as coisas, em seu próprio desdobramento. "[D]e sua divindade que é uma", desdobra-se "o fundamento da Palavra futura, conhecido Um o que reúne", jorra a fonte do canto sagrado, "... aberta Uma a fonte do canto sagrado...". Esta figura do Um é, por si só, eloquente.

28 Ver Clastres (1974, pp. 14-15) sobre a divergência das intenções políticas do trabalho de tradução que o afastam de Cadogan. Cadogan teria pretendido justamente fazer suas traduções dizerem aos céticos e racistas que os índios sabem pensar como nós. Não se pense, porém, que é com base em sua "pouca familiaridade" do idioma indígena que Clastres faz o que aqui chamei de transcriações; é com base no cipoal de notas lexicográficas publicadas por Cadogan.

A potência do canto sagrado é a de fazer as Palavras-habitantes atualizarem-se como seres de completude finalizada, seres descritos por Clastres (pois o mito-prece silencia quanto a isso) como "fabulosamente indistinguíveis", "formas animais que envelopam a beleza sagrada da palavra"; seres que exibem, portanto, a potência da *divindade que é uma*. Já o distanciamento em relação ao canto sagrado dissolve a completude finalizada, enfraquecendo as Palavras-habitantes, isto é, tornando a sua completude dessemelhante. Os seres desprovidos de semelhança, por sua vez, acham-se condenados a se transformar em uma série de animais, futuros habitantes da futura terra imperfeita.

Mas seu distanciamento da fonte do canto sagrado é um "reuni[r-se] à fonte do saber desastroso [*mauvais*]".[29] É preciso, ainda assim, insistir na pergunta: a completude dessemelhante se deixaria determinar unicamente pela perda da divindade? da completude

29 Já disse o poeta que lutar com as palavras é a luta mais vã. Apesar disso, minha tradução de mauvais por "desastroso" é uma tentativa de recuperar um mínimo que seja o conceito indígena do que não me soaria bem dito pelo adjetivo "mau". Reconheço estar sendo influenciada pela palavra que os Yudjá empregariam em tal contexto, makabiãw, o que também quer dizer emaranhamento e é típico das descrições de formas emaranhadas ou processos de metamorfose oníricos. Sua ação é desastrosa, desgraçosa, para quem a sofre: diz-se da olhada-de-onça que afetou Mareaji que ela foi makabiãw, desastrosa, desgraçou-o com a sua doença. Falando protuguês, os Yudjá empregam o verbo "estragar".

finalizada? Teria algum vínculo com o "Um signo do Finito"? com o princípio de identidade? Ou será que, também aqui, em face da destituição ou da ausência da potência imanente aos divinos, deveríamos afirmar, ou ao menos conjeturar, que alguma coisa existe na ausência?

Evidentemente, a resposta se antecipa à pergunta. Pois, com efeito, criada a terra imperfeita, os deuses são encarregados do envio de almas, ou melhor, Belas Palavras-habitantes, "pequeno[s] pedaço[s] da substância divina", para tomar banco, como se diz nas Palavras divinas, isto é, para nascer, vindo com isso alegrar os homens e as mulheres e habitar a terra imperfeita. São encarregados os deuses, então, de dizer-lhes e redizer--lhes esta lição a respeito da natureza, ou melhor, do poder das coisas imperfeitas, as coisas desastrosas:

Bem, você vai partir, filhinho de Ñamandu:
que seja grande tua força na morada terrena; e mesmo que as
coisas em sua totalidade, desprovidas todas de semelhança,
se ergam, monstruosas,
que seja grande teu coração! (Clastres, 1974, p. 111).

Há, pois, toda uma positividade na dessemelhan-ça: as potências do mau devir. Os dessemelhantes são aqueles que atraem as pessoas humanas para arrastá-

-las às suas metamorfoses demoníacas, suas multiplicidades monstruosas.[30]

Reencontramos aqui a onça, e Hélène Clastres. Em seu estudo exemplar e fonte inesgotável de inspiração desde pelo menos três gerações de etnólogos brasileiros, Hélène Clastres descreveu a ação sobre a pessoa humana de um tal erguer-se monstruoso de que são capazes os seres desprovidos de semelhança (ou de completude dessemelhante), como um aprisionamento da pessoa em uma "cilada das aparências". Cair na cilada da onça é tomar as suas pintas como adornos, uma bela e sedutora mulher: o que, para a vítima humana, não vai sem passar por um virar-onça. É digno de nota, portanto, que essa cilada produza um efeito corpóreo.

> Sua vítima se põe a unhar a terra e rosnar... É possível a cura do tupichua enquanto a possessão não se torna completa. [O] xamã invoca o pai da alma-palavra do possesso: ... vejamos como o pai da sua palavra vai proteger sua palavra e vai de novo recompô-la

30 A admirável monografia de Pissolato (2007) abriu-me o horizonte para essa leitura.

para nós. [O] possesso deve ficar de pé;
se ele se dobra, é que já é tarde demais:
ñe'ë, a sua palavra, já o abandonou e
o espírito da carne crua está no seu
sangue: o possesso vai começar a ros-
nar... [É] preciso matá-lo a flechadas
e queimá-lo (H. Clastres, 1978, p. 94).

Uma palavra, ainda. Se me pareceu existir uma divergência produtiva entre uma figura do Um como signo do finito (ligado ao princípio de Identidade ou à forma-Estado) e uma outra que remetia a uma potência ativa, algo como a gênese e a razão das multiplicidades, presumi que Clastres teria algo a nos dizer sobre cosmopolítica, e busquei tornar mais manifesta sua atenção para as potências que recairiam, em sua opinião, fora do político. Longe de mim, porém, a ideia de que seria preciso arrastar mecanicamente tais potências para o "interior" da política: proponho apenas que as cosmopolíticas ameríndias também suscitam um fora *outro* que o Estado. Como um sintoma de fato indissolúvel de seu gênio, acredito que Clastres insistiu — e insistiria até o último momento — na Lei. Decisivamente Clastres recusava "essa decidida recusa do acaso e da descontinuidade" pelo pensamento ameríndio que ele soube com tanta firmeza e sutileza descrever em seus estudos etnográficos. E em mais de um contexto tomou as potências que qualificou de cósmicas como uma espécie de metáfora da "ordem da Lei" (a maiúscula é dele), da "instituição do social". "[A] sociedade encontra sua fundação no exterior dela mesma" (Clastres, 2004, p. 102).

Receio de avançar contra o conceito de sociedade: o ponto nevrálgico? Pessimismo quanto ao futuro dos índios: um sintoma conceitual? Creio, em todo caso, que as tentativas de reduzir a inquietude clastriana a uma pretensa influência do canto durkheimiano são pouco convincentes, e que nada teria de infeliz a sua opção por reunir a indivisão ao um-multiplicidade da sociedade contra o Estado (como avaliou Lefort, 1987, pp. 198-200). E a crítica a ele dirigida por seus leitores mais célebres e mais fiéis admiradores (Deleuze & Guattari, 1980, pp. 441-446) poderia ser evocada aqui para ser extrapolada ou desdobrada: Clastres tratou como independência real a exterioridade formal do mito — cuja autoria efetivamente seus narradores, poetas ou filósofos indígenas não reivindicam — o qual responde, contudo, pela fundação de uma ordem sempre ainda por remendar e pela emergência de uma desordem sempre ainda por conjurar. A ideia sendo aqui que essa exterioridade formal do mito explica que seu modo de existir são suas próprias metamorfoses (ver Albert,

2000; Gow, 2001). Caso seja este o ponto nevrálgico, talvez se deva a ele a fonte do sentido do trágico e de tudo mais que faz da *Crônica dos índios Guayaki* um objeto absoluto.

Cadernos
Ultramares